युद्ध-यात्रा

युद्ध-यात्रा

1971 भारत-पाक युद्ध की आँखों देखी रिपोर्ट

धर्मवीर भारती

वाणी प्रकाशन

प्रकाशन के उत्कृष्टतम 60 वर्ष

vaniprakashan.com

पेपरबैक पहला संस्करण : 2020
पेपरबैक दूसरा संस्करण : 2021
पेपरबैक तीसरा संस्करण : 2023

वाणी प्रकाशन
4695, 21-ए, दरियागंज, नयी दिल्ली-110 002
फ़ोन : +91 11 23273167, 23275710

शाखाएँ
अशोक राजपथ, पटना-800 004, बिहार
कॉफ़ी हाउस कैम्पस, महात्मा गांधी मार्ग, इलाहाबाद-211 001, उत्तर प्रदेश
महात्मा गांधी अन्तरराष्ट्रीय हिन्दी विश्वविद्यालय, वर्धा-442 001, महाराष्ट्र
36/ए, शेक्सपियर सरणी, रानी बिरला गर्ल्स कॉलेज के पास, कोलकाता-700 017, प. बं.
sales@vaniprakashan.in
vaniprakashan@gmail.com

Yuddh-Yatra
by Dharamveer Bharti

ISBN : 978-93-87648-23-4
Travelogue

मूल्य : ₹ 199

आर. टेक ऑफ़सेट प्रिंटर्स, दिल्ली-110 032 में मुद्रित

वाणी प्रकाशन का लोगो मक़बूल फ़िदा हुसेन की कूची से

प्रस्तावना

भारती जी के दादा-परदादा उत्तर प्रदेश के खुदागंज नामक क़स्बे के बहुत बड़े और दबंग खानदानी ज़मींदार थे। पीढ़ी-दर-पीढ़ी परिवार के सभी पुरुष ज़मींदारी का काम ही सँभालने में संलग्न रहते थे। केवल एक ही बालक ऐसा हुआ उस खानदान में, जिसे उस काम से अरुचि थी—वह स्कूल जाकर पढ़ना चाहता था—नाम था चिरंजीव लाल। ज़िद के आगे हारकर उन्हें स्कूल भेज दिया गया। वहाँ मिडिल कक्षा तक ही पढ़ाई होती थी—वह पूरी कर लेने के बाद वे किसी रिश्तेदार के पास पढ़ने के लिए इलाहाबाद आ गये। वहाँ ओवरसीयर बने। उसके बाद उनका जीवन उनकी रुचि के अनुसार बहुत अच्छी गति से चल रहा था। किन्तु विधाता को कुछ और ही मंज़ूर था। उनके दस बच्चे हुए किन्तु कोई भी दो-तीन बरस की उम्र से ज़्यादा नहीं जी सका—वे मन-ही-मन टूट गये थे—उनकी पत्नी दमा से पीड़ित रहती थीं। लेकिन पढ़ी-लिखी थीं और कट्टर आर्यसमाजी थीं। उन्होंने इलाहाबाद में आर्य कन्या पाठशाला की स्थापना की थी। वे आर्यसमाज की सक्रिय सदस्य थीं।

आख़िर परमात्मा की कृपा हुई दस बच्चों को खो देने के बाद उनके जो सन्तान हुई उसका नाम रखा गया धर्मवीर और अगली सन्तान कन्या हुई—नाम रखा वीरबाला। माँ अपने पुत्र को 'सत्यार्थ प्रकाश' के पठन और मनन में लगाये रखना चाहती थीं—लेकिन पिता अपने लाड़ले को आर्यसमाज के दायरे में ही न रखकर बाहरी दुनिया की, देश-विदेश की ज्ञान भरी बातें सिखाना-पढ़ाना चाहते थे। माँ की नाराज़गी मोल लेकर भी वह बच्चे को बहुत ऊँचे संस्कारों

की शिक्षाप्रद कहानियाँ सुनाते, देशप्रेम की प्रेरणा देते। एक अलग ही दिशा में प्रेरित करना ही अपने जीवन का उद्देश्य मान चुके थे वे। पर नियति ने दुर्भाग्य से उनका गठबन्धन जैसा कर रखा था, कि अभी बालक धर्मवीर महज़ तेरह वर्ष का था कि 1939 में उन्हें निमोनिया हो गया और वे चल बसे।

बाद की कथा संघर्षों की दास्तान है, पर यहाँ इतना जान लीजिए कि भारती जी ने स्वयं बताया था कि धुर बचपन में ही पिता ने उन्हें 'सिंदबाद द सेलर' नाम की पुस्तक लाकर दी थी। और बचपन से ही भारती जी रॉबिन्सन क्रूसो और सिंदबाद की तरह तमाम तरह की यात्राएँ करने की कल्पनाएँ करने लगे थे। नये-नये देश देखना चाहते थे। उन्हीं दिनों उन्हें जब उनके पिता ने उस समय की सबसे मशहूर पत्रिका 'चाँद' का 'फाँसी अंक' लाकर दिया तब तो, धर्मवीर की कल्पना के संसार में नया उजाला भर गया और ठान बैठे थे कि वे भी अपने देश की प्राणपण से सेवा करेंगे।

अपनी टेढ़ी, सीधी गति से आगे बढ़ते जीवन में उन्होंने अपने पिता से मिले संस्कारों में से अन्याय के विरुद्ध निर्णायक लड़ाई लड़ना, सबके प्रति अहैतुकी प्रेम, और देश के लिए न्यौछावर होने वाले कामों को तरह-तरह से क्रियान्वित करने में ही अपना लक्ष्य केन्द्रित कर लिया। जीवन ग़रीबी में बीत रहा था फिर भी वे ट्यूशनों तथा अख़बारों के दफ़्तरों में नौकरी करके जीवनयापन करते रहे और आगे पढ़ते रहे। आगे चलकर भी स्वप्नों को पूरा करने के लिए सबसे मज़बूत माध्यम बनी उनकी पत्रकारिता–उनका 'धर्मयुग'! तब वे धर्मयुग के सम्पादक थे जब 7 मार्च 1971 को उन्होंने सुना कि शेख़ मुजीबुर रहमान ने पूर्वी पाकिस्तान के अवाम को आगाह कर दिया कि अब आप सब आरपार की लड़ाई के लिए तैयार रहें। और बस ऐसा लगा मानो वहाँ सबको इस एक इशारे का ही इन्तज़ार था। देखते-देखते चारों ओर जागरूकता फैल गयी। और फिर तो मई तक यह आलम था कि सारा-का-सारा युवा वर्ग जान हथेली पर लेकर 'मुक्तिवाहिनी' नामक संगठन बनाकर गुरिल्ला युद्ध की तर्ज़ पर याहिया ख़ान के शासन-तन्त्र के विरुद्ध लड़ने को सन्नद्ध हो गया।

अप्रैल में जनरल उस्मानी के नेतृत्व में अच्छी-ख़ासी सैनिक टुकड़ी भी तैयार हो गयी—'ईस्ट बंगाल रेजीमेंट', 'ईस्ट पाकिस्तान राइफ़िल्स' आदि कई टुकड़ियों के साथ याहिया ख़ान से मुक़ाबला करने के लिए अच्छी-ख़ासी ताक़तवर फ़ौज इकट्ठी हो गयी। और दूसरी ओर युवा नागरिकों की निहत्थी टोलियाँ 'मुक्तिवाहिनी' नाम से रोज़ एक-न-एक करिश्मे कर रही थीं। इन टोलियों को हमारे देश के पश्चिम बंगाल का सहयोग भी मिलने लगा था। एक दिन भारती जी ने सुना कि इन दीवाने जाँबाज़ों ने मज़बूत बाँसों की मदद से एक विशाल गुलेल जैसी चीज़ बना ली थी और एक दिन तो उस गुलेल से अभूतपूर्व करिश्मा कर दिया था कि उन्होंने पाकिस्तानी फ़ौज का आसमान में उड़ता एक लड़ाकू हैलीकॉप्टर मार गिराया था।

यह सुनना था कि पिता के दिये संस्कार जाग उठे। रॉबिन्सन क्रूसो, सिंदबाद द सेलर और फाँसी पर हँसते-हँसते झूल जाने वाले शहीद मन में हिलोरें लेने लगे। बँगला भाषा आती नहीं थी—और भाषा के बिना तो व्यक्ति साधनविहीन, अधूरा और गूँगा होता है। इसलिए कलकत्ता विश्वविद्यालय में हिन्दी के अध्यापक अपने मित्र विष्णुकान्त शास्त्री तथा टाइम्स ऑफ़ इंडिया के फ़ोटोग्राफर बालकृष्ण को साथ लेकर निकल पड़े। जैसे मानो ख़ुद अपनी पत्रकारिता को अपना हथियार बनाकर वहाँ की मुक्तिवाहिनी का सैनिक बनकर उस संघर्ष में अपना योगदान देंगे।

वहाँ जो कुछ देखा और सुना उसे दुनिया को दिखाने और सुनाने के लिए बालकृष्ण के द्वारा लिये गये चित्रों और अपनी क़लम को हथियार बनाकर धर्मयुग के पृष्ठों को एक अनोखी अभूतपूर्व लड़ाई का मैदान बनाकर दिखा दिया। पत्रकारिता के क्षेत्र में एक नया अध्याय ही जोड़ दिया। अपने लेखों से पूरे देश में युद्ध की दुन्दुभी जैसी जगाने के बाद तो ऐसा हो गया कि धर्मवीर भारती के मन का चैन ही खो गया—न रातों को नींद, न दिन को कोई आराम—इसी उधेड़बुन में पड़े रहते कि अब इतने से ही शान्ति नहीं मिलेगी अब तो इसके अन्तिम अंजाम तक इसका पूरा मंज़र देखना और दुनिया को दिखाना है। इसके पहले भी इतिहास में अनेक युद्ध हुए हैं और

पत्रकारों ने युद्ध की रिपोर्टिंग भी की है—जनता ने सब जाना है उनके लिखे रिपोर्ताज़ के माध्यम से। पर सभी ने देश की सीमा-रेखा पर जाकर युद्धभूमि से मिलते समाचारों के आधार पर अपने लेख लिखे थे। धर्मवीर भारती नाम का यह पत्रकार तो ठान बैठा था कि ऐसे नहीं—उसे तो अपनी खुली आँखों से युद्ध होते हुए देखना और लिखना है—आँखों देखा हाल! अपनी जान का जोखिम लेकर उस दृढ़निश्चयी पत्रकार ने वह कर दिखाया जो कल्पनातीत था, असम्भव दीखने वाला अनोखा रोमांचक सत्य था—

अब आगे के पृष्ठों में पत्रकारिता का एक अद्भुत इतिहास निर्मित होते आप देखेंगे—कवि, कहानीकार, नाटककार, उपन्यासकार और पत्रकार धर्मवीर भारती की बहुत रोचक भावभीनी शैली में—

चलिये, चलते हैं एक अनोखी युद्ध-यात्रा पर!

—पुष्पा भारती

अनुक्रम

युद्ध-यात्रा की पूर्वपीठिका

मुक्तिवाहिनी के साथ बांग्लादेश के मुक्त क्षेत्रों की यात्रा करके बम्बई लौट आया हूँ। पर बम्बई पहुँचकर भी जैसे जम नहीं पाया हूँ। मन उन्हीं अनुभवों को दोहराता है। वे खतरे, वे दलदल, वे नंगे पाँव बन्दूक लिए किशोर और युवा। इधर अख़बार भी दिन-रात उन्हीं ख़बरों से भरे हैं। कहते हैं जसोर के पास घमासान लड़ाई हो रही है। वनगाँव का मोर्चा भी अन्तर्राष्ट्रीय स्तर पर चर्चित हो रहा है। युद्ध को अपनी आँखों से देखना ही देखना है। मगर कैसे?

चटगाँव बन्दरगाह में भारतीय बमबारी से ध्वस्त किये गये कुछ पाकिस्तानी युद्धपोत।

कलकत्ते आ गया हूँ। भारतीय सेना के पूर्वी कमाण्ड का हेडक्वार्टर यहीं है। यहाँ आकर मालूम होता है कि इस बार बिना दिल्ली से अनुमति लिए पूर्वी कमाण्ड भी किसी पत्रकार को भारतीय सीमा पार कर कहीं जाने की अनुमति नहीं दे सकता। वहाँ से अनुमति लेने में कम-से-कम चार-पाँच दिन तो लगेंगे ही।

इन चार-पाँच दिनों में क्या किया जाय? बैठे तो नहीं रहा जा सकता?

सहसा मनुभाई भीमानी से भेंट होती है। पुराने स्वतन्त्रता सेनानी, कच्छ के सत्याग्रह में डॉ. लोहिया के सहयोगी भीमानी जी अब बड़े उद्योगपति हैं। कभी बम्बई रहते हैं, कभी कलकत्ते। पूर्वी बंगाल में उनकी जूट मिलें हैं, गहरे सम्पर्क हैं पूर्वी बंगाल में। "बहुत उत्सुकता है?" हँसकर पूछते हैं, "चलो बिना सेना की अनुमति के जलमार्ग से सीमा पार ले चलता हूँ—स्टीमर से चलना होगा।" रातो-रात कार्यक्रम बन जाता है। स्टीमर के द्वारा छिपकर कालीगंज क्षेत्र में नदियों के मार्ग से जाने का। और हम चल पड़ते हैं।

लोहे और बाँस का बनाया गया यह नौका घाट, बड़े-बड़े बजरों पर लादकर यात्रियों को कहाँ भेज रहा है, नहीं मालूम। सिर्फ़ इस बहुत विशाल नदी का नाम मालूम है—कालिन्दी। उधर से आकर इच्छामती का संगम होता है। उससे और ऊपर कालीगंज के पास है जमना। ज्वार के समय इस विशाल जल-प्रवाह में जो लहरें उठती हैं, उसके आगे बम्बई का समुद्र पालतू लगता है। यह नदी भारतीय सीमा में है। नदी के बीचोबीच हमारे दो बड़े युद्ध-स्टीमर लंगर डाले हुए हैं। दायीं ओर के पोत पर है कमाण्डर मुखर्जी का जल-शिविर। एक मोटरबोट हमें वहाँ ले जाने के लिए घाट पर आकर लगती है।

मैं मोटरबोट से झुककर कालिन्दी का जल अंजलि में लेना चाहता हूँ। अपने इलाहाबाद की कालिन्दी के शान्त मन्थर जल पर तैरती नावों पर अपने बचपन और कैशोर्य के, अपने जीवन के कई महत्त्वपूर्ण मोड़ों की यादें कसकने लगती हैं (मेरी मजबूरी)। मुझे क्या मालूम था कि एशिया के इतिहास के एक महत्त्वपूर्ण मोड़ पर मैं जिस नदी के तट पर आ खड़ा होऊँगा, उसका नाम भी कालिन्दी होगा।

कमाण्डर मुखर्जी! शान्त, सचेत, मितभाषी। वे बताते हैं कि सतखीरा अभी मुक्त नहीं हुआ है, लेकिन मुक्तिवाहिनी उसकी सीमा पर पहुँच गयी है। खुलना में युद्ध बहुत घमासान होगा। उसे जीतना आसान नहीं। (उनका अन्दाज़ा कितना सही था! खुलना में ढाका के पतन के बाद भी युद्ध चलता रहा।)

कमाण्डर मुखर्जी नक्शे पर उस क्षेत्र की सारी स्थिति हमें समझाते हैं और कुछ जरूरी सलाहें। मसलन, अनेक हिस्से ऐसे हैं, जो आज सबेरे ही मुक्त हुए हैं और हम पहले भारतीय नागरिक होंगे, जो वहाँ जायेंगे। सड़कों के आसपास, खेतों में, घास में पाकिस्तानी माइनें बिछी हुई हैं और निर्धारित रास्तों से एक क़दम भी हम इधर-उधर हुए तो चिथड़े उड़ जायेंगे। रजाकारों या भगोड़े पाकिस्तानी सैनिकों के इक्का-दुक्का गोल झाड़ियों और बंसवटों में छिपे हुए हैं और जरा भी अन्देशा होने पर या अकेला पाने पर उनकी स्टेनगनें और राइफलें बारूद उगलने लगेंगी। कहीं-कहीं प्रत्याक्रमण भी हो रहे हैं। लेकिन मेजर जलील साथ हैं, अतः चिन्ता की बात नहीं। वापस घूमकर टाकी! गली के एक मोड़ पर

'बंगशक्ति' पर : सामने डेक पर मनुभाई भीमानी, मेजर जलील और लेखक।

कुछ आतुर सावधान युवा चेहरे साँवले, कमीज़-लुंगी पहने। सितम्बर में जिन मुक्तिसैनिकों को देखा था, उन्हीं की जाति के। हमारा अनुमान सच है। बगल की एक दुमंजिली इमारत में मेजर जलील हमारी प्रतीक्षा कर रहे हैं। बाहर यह टुकड़ी पहरा दे रही है।

'पुष्प-शक्ति' से 'अग्नि-शक्ति'

ऊपर के कमरे में मेजर जलील। ख़ूब भरा-भरा गहरा साँवला चेहरा, नाटा कद, घनी मूँछें और रूखे-बिखरे बाल—हिप्पियों जैसे।... बन्द गले का फौजी स्वेटर। औपचारिक स्वागत करके वे अपने काम में लग जाते हैं। बारिसाल में जन्मे मेजर जलील, विदेशों में सैन्य शिक्षा ले चुके हैं। उनकी व्यक्तिगत रुचियाँ बहुत कुछ 'मॉड' पीढ़ी की हैं— चलने का ढंग, बोलने का लहजा, अंग्रेज़ी गानों का चुनाव। उस शेक-ट्विस्ट-जाज की दुनिया से अकस्मात् इच्छामती और जमना की काली कीचड़ में लथपथ, मूड़ी और गुड़ चबाते हुए छापामार युद्ध की यह दुनिया कितनी अलग है? मार्च के आखिरी हफ्ते में जब क़हर तारी हुआ, ढाका में ही नहीं, बारिसाल में भी, पंजाबी सैनिक खुलेआम लूट-आगजनी और बलात्कार करते घूम रहे थे। एक दिन उनके घर के ही सामने की सड़क पर शोर सुन पड़ा। उन्होंने देखा कि पाकिस्तानी सिपाहियों का एक दस्ता, अन्धाधुन्ध इधर-उधर बंगाली घरों पर फायरिंग करता हुआ, गालियाँ बकता हुआ चला आ रहा है। उनके साथ तीन बंगाली युवतियाँ हैं। दो अर्द्धनग्न, अचेत, जिन्हें टाँगें और बाँहें पकड़कर वे झुलाते हुए ला रहे हैं। अकस्मात् दूसरा दस्ता आया। आते ही जानवरों की तरह हो-होकर उछला और तीसरी औरत को वहीं सड़क पर गिरा दिया। मेजर जलील अपनी स्टेनगन लेकर नीचे उतर आये। उन्होंने सैनिकों को ललकारा, अपना परिचय दिया, बताया कि यह व्यवहार जानवरों का है, बहादुर सैनिकों का नहीं। सैनिक थोड़े सहमे। उन्होंने संगीनें नीची कर लीं, लेकिन फोश गालियाँ देते हुए बोले कि इन बंगालियों को वे मज़ा चखा देंगे। इनकी औरतों ने सरकश बंगाली पैदा किये हैं, अब हर औरत को पाकिस्तानी पैदा करने का मौका देंगे। और फिर एक पैशाचिक अट्टहास कर वे अकल्पनीय गन्दी बातें बकने लगे। मेजर जलील का ख़ून उबाल के बिन्दु तक पहुँच चुका था। गरजकर बोले, "भूलो मत कि मेरी माँ भी बंगाली है!"

"तो उसे भी भेज दो!" एक सैनिक बोला, लेकिन वाक्य समाप्त होते-होते

मेजर जलील की बन्दूक छूट चुकी थी—और वह क्षण था कि एक झटके में मेजर जलील का पाकिस्तान हमेशा के लिए मर गया।

घाट पर खड़ी मुक्तिवाहिनी की गनबोट साइरन दे रही थी और अब हमें चलना था। लेकिन चलने के पहले मेजर जलील हमें अपने युद्ध-क्षेत्र का पूरा परिचय देने के लिए कुछ नक्शे और चार्ट ले आये थे। कर्नल उस्मानी ने समूचे युद्ध-क्षेत्र को अनेक सेक्टरों में बाँट दिया था। मेजर जलील सेक्टर नम्बर 9 के इंचार्ज थे। इस सेक्टर में चार ज़िले हैं—खुलना, फरीदपुर, बारिसाल और पटुआखाली। हर ज़िला कई 'जोन' में बँटा हुआ था। खुलना में 7 जोन, फरीदपुर में 9 जोन, बारिसाल में 9 जोन और पटुआखाली में 3 जोन। हर जोन भी थानों के हिसाब से बँटा हुआ था। कुल मिलाकर चारों ज़िलों में 83 थाने थे, जिनमें मेजर जलील के अनुसार 30 नवम्बर को 85 थाने उनके अधिकार में थे।

इनकी युद्ध और प्रशासन व्यवस्था कैसे चलती है, इसके बारे में पूछने पर ज्ञात हुआ कि हर सेक्टर का एक लिबरेशन कमाण्डर है और एक प्रशासन कमाण्डर। उनके अन्तर्गत हर जोन का एक-एक लिबरेशन और एक प्रशासन कमाण्डर है। यह व्यवस्था थाने तक चलती है और उसके बाद गाँव तक।

हर गाँव में मुक्तिवाहिनी का हिसाब यह है कि कुछ मुक्तिसैनिक वहाँ स्थायी रूप से तैनात हैं, जिस पर वहाँ की सुरक्षा और व्यवस्था का जिम्मा है। इसके अलावा हर गाँव में मुक्तिसैनिकों की चलनशील टुकड़ी (मोबाइल यूनिट) है। जहाँ भी लड़ाई होती है, वहाँ शत्रु पर दबाव डालने के लिए ये टुकड़ियाँ बुला ली जाती हैं। गाँववालों को शस्त्र मिल गये हैं। मुक्त होने के बाद वे अपने ही क्षेत्र में निष्क्रिय न पड़े रहें, इसलिए यह व्यवस्था की गयी है।

यह बातचीत चल ही रही है कि एक नौसैनिक लाया जाता है। वह सैल्यूट करके अपनी रिपोर्ट देता है। एक ग्रीक स्टीमर का पीछा उन्होंने रात को किया है और उसकी लिखित रिपोर्ट वह मेजर जलील के सामने रख देता है। नाम है मक़बूल बी. आलम। पाकिस्तानी नौसेना का भूतपूर्व सैनिक, इस युद्ध के लिए पाकिस्तान की ओर से छोटी घातक पनडुब्बियाँ लेने फ्रांस भेजा गया था। वहीं से उसने राजनीतिक प्रश्रय माँगा और पाकिस्तानी नौकरी छोड़कर मुक्तिवाहिनी में शामिल हो गया। उन दिनों अख़बारों में खुलना के आसपास जो अनेक पाकिस्तानी फौजी स्टीमरों के डूबने के समाचार आये थे, वे सब मक़बूल आलम के कारनामे थे और तब तक आलम सात पाकिस्तानी स्टीमर डुबो चुका था।

मेजर जलील आलम की रिपोर्ट लेते हैं, शाबाशी देते हैं और एक कमाण्ड स्लिप पर कमाण्ड लिखते हैं—एक मोटी हरी स्याही की कलम से—काली फौजी स्याही से नहीं। मॉड फैशन के साइकेडेलिक रंगों का मोह यहाँ भी इस तरह प्रकट हो रहा है, यह देखकर मैं अपनी मुस्कुराहट रोक नहीं पाता, "यस, माई फेवरिट कलर!" मेजर जलील कहते हैं और चलने के लिए उठ खड़े होते हैं। "मगर डॉक्टर भाई, भारती साहब, ये रंग तो हमारे बांग्लादेश के फ्लैग का बूझिए!"

एक लैला मशीनगन वाली

"हुज़ूर, यह गनबोट खासतौर से आपके लिए मँगवाई गयी है।" ख़ुर्शीद मेरा हाथ पकड़कर स्टीमर पर चढ़ाते हुए बोले, "घबराइए मत, यह देखिए, आगे मशीनगन फिट है। अगर गोली चले तो नीचे सीटों के बीच में लेट जाइयेगा। हम तो इससे हवाई हमले का भी मुक़ाबला कर चुके हैं, वैसे अभी शाम तक तो कोई डर नहीं है।"

नौका का नाम है 'बंगशक्ति'। सभी युद्ध-नौकाओं के नाम बड़े साहित्यिक हैं—बंगवज्र, बंगधारा, बंगवामा! सभी पाक नौसेना से छीनी गयी हैं। फिर मरम्मत कराकर नया रंग-रोगन और नया नाम। हमारी इस 'बंगशक्ति' का पाकिस्तानी नाम था लैला!

इंजिन स्टार्ट होता है और 'बंगशक्ति' लहरें चीरती चल पड़ती है। मशीनगन पर गोलियों की लम्बी पेटी चढ़ा दी जाती है और दो सैनिक सतर्कता से बैठ जाते हैं। मशीनगन के ठीक आगे खुले डेक पर हम बैठे इच्छामती की लहरों पर से आते झोंकों का मज़ा ले रहे हैं। मनुभाई बताते हैं कि वह सामने उस पार श्रीरामपुर के झुरमुटों में विधानचन्द्र राय की पुरानी कोठी दीख रही है। पहले बरसों तक हर वर्ष दुर्गापूजा के लिए वे श्रीरामपुर आते थे, लेकिन बाद में पाकिस्तान ने रोक लगा दी।

श्रीरामपुर से फिर 'बंगशक्ति' देवभाटा की ओर चल पड़ती है। मनुभाई के टिफिन में गुजराती पूड़ियाँ और आलू की सब्जी है, पर मेरी भूख-प्यास हवा है। कैप्टन ख़ुर्शीद मेरा और अपना हिस्सा ले आते हैं और खाते-खाते हम बातें कर रहे हैं। कैप्टन ख़ुर्शीद को अगरतला केस में अय्यूब ने फँसा दिया था, क्योंकि वे शेख़ मुजीब के भांजे थे। तब वे पश्चिम में ही 'पोस्टेड' थे। कैसे अय्यूब ने उनको बुलाया, कैसे उनको डरा-धमकाकर मुखबिर बनाना चाहा, भारत के

कल्पित षड्यन्त्रों की कैसी झूठी तस्वीरें खींची, कैसे इस्लाम की दुहाई दी और अन्त में निराश होकर कैसे जेल भेज दिया—सारा किस्सा बहुत ही दिलचस्प है। दूर से हरे कुंजों में एक लाल इमारत दीख रही है। वही है देवभाटा। घाट काफ़ी औघट है। बहुत ऊँचा कगार। काला लिसड़ा कीचड़। खजूर के दो तने काटकर कीचड़ में लिटाकर सीढ़ी बनाई गयी है, फिर भी उतरना मुश्किल है। अन्त में एक लम्बा हरा बाँस काटकर लाया जाता है और हम उसे पकड़कर कहीं-कहीं उससे लटककर उतरते हैं।

"नारा-ए-तकबीर! अल्लाहु अकबर!" गगनभेदी नाद गूँजता है। हम चौंक उठते हैं। लेकिन दूसरे ही क्षण बोल आता है—"जय बांग्ला!", "बंगबन्धु शेख़ मुजीब! ज़िन्दाबाद!" हम आश्वत होते हैं। आज़ाद देवभाटा आज मुक्तिवाहिनी के विशाल शिक्षण शिविर में बदल गया है। 'अल्लाहु अकबर' यहाँ का प्रिय नारा है। इनके पिता-पितामह ने यह नारा लगाकर यहाँ धर्मान्ध पाकिस्तान बनाया था। उनकी सन्तानें यही नारा लगाकर पाकिस्तान की क़ब्र खोद रही हैं, धर्मनिरपेक्ष बांग्लादेश की स्थापना के लिए। अल्लाह सचमुच महान है। उसका नाम लेकर तानाशाह कब तक खैर मना सकते हैं!

सामने की ओर यह ध्वस्त पुल दीख रहा था, जिसे पाकिस्तानी भागते हुए अपना निशाना बना गये थे।

घर लौटते शरणार्थी

यहाँ से हमें जीप पर कालीगंज जाना है। जीप चलती है और सैकड़ों मुक्तिसैनिक घुमावदार सड़क पर दोनों ओर खड़े होकर हमें गार्ड ऑफ ऑनर दे रहे हैं और रास्ते में चले जा रहे हैं कुछ थके हुए ग्रामीण अपना बँधना-बोरिया लादे हुए। क्या अभी भी शरणार्थी आ रहे हैं? उतरकर पूछने पर मालूम हुआ—नहीं, ये शरणार्थी घर लौट रहे हैं। देवभाटा से 12 मील दूर इनका गाँव है। पाँच परिवार हैं। दो हिन्दू, तीन मुसलमान। एक हिन्दू वृद्धा बूढ़ी है, चलने से लाचार। उसे बारी-बारी कर टोली के हिन्दू-मुसलमान युवक गोद में चढ़ाकर ले जा रहे हैं। अब फसल तैयार है। पाकिस्तानी जला नहीं चुके होंगे, तो जाते ही फसल काटेंगे!

खेतों को पार कर सड़क अब जंगल में मुड़ गयी है। आम, बाँस, केले के घने कुंज, बीच-बीच में काई ढके पोखर और वृक्षों से लटकी लतरें। "हाय डॉक्टर! हायसिंथ, ह्वाट ए कलर!" मेजर जलील बिल्कुल मॉड लहज़े में बोल उठते हैं। कौन-सा वनफूल 'हायसिंथ' था, मुझे नहीं मालूम। मेजर जलील कुछ-कुछ घर की याद में डूबे हैं। "आपने बारिसाल नहीं देखा। इतनी घनी हरियाली है वहाँ, यह तो कुछ नहीं।" बारिसाल से मेरे मन में इलाहाबाद उभरता है, एक तो गंगापार झूँसी के आगे छतनगा का जंगल याद आता है, पर उससे भी अधिक यह कि बारिसाल की ही पारेरहाट रियासत के निर्वासित राजा सूर्यप्रसन्न वाजपेयी आज भी इलाहाबाद में अपने पारेरहाट भवन में रहकर बारिसाल की याद करते रहते हैं।

पारुलिया का ध्वस्त पुल

साखीपुर और पारुलिया में युद्ध अपनी गहरी छाप छोड़ गया है। सड़क के दोनों ओर बंकर हैं। बंकर क्या छोटे-छोटे किले समझिए। दो मकानों पर तो छत पर ईंटें चुन-चुनकर पाकिस्तानियों ने बंकर बनाये थे। उनका मुख्य उद्‌देश्य था इस पुल की हिफ़ाज़त। यहाँ तक कि पुल के नीचे दोनों तरफ उन्होंने बाँसों की तीन-तीन दीवारें बनाई थीं और उनमें माइन लगा दी थीं कि कोई छापामार रात-बिरात पुल तक न पहुँच पाये। अन्त में जब वे कालीगंज से भागे, तो सतखीरा जाते हुए उन्होंने यहाँ पर एक बार फिर रुककर आखिरी मोर्चा बाँधने की कोशिश की। एक पूरी बटालियन थी उनकी, उसके साथ 25 पाउण्ड वाली तोपें, रिकॉयललैस गन, और बहुत छोटी पहियेदार चीनी तोपें थीं। लेकिन मुक्तिवाहिनी के निरन्तर

मुक्तिवाहिनी के बहादुर सेनापति कर्नल उस्मानी, जिन्हें अब बांग्लादेश की सेनाओं का सर्वोच्च सेनापति नियुक्त किया गया है।

हमलों के आगे उन्हें भागना पड़ा। भागते वक़्त उन्होंने मिट्टी का तेल छिड़ककर और डायनामाइट लगाकर यह पुल उड़ा दिया। अब वे यहाँ से 5 मील दूर एक ईंटों के भट्ठे में खाइयाँ खोदकर बैठे हुए हैं। पारुलिया पुल के पार दोनों ओर की दुकानों पर स्वाधीन बांग्ला ध्वज फहरा रहे थे। हालाँकि कभी-कभी उनके गोले जरा आगे आकर गिर रहे थे। पुल के नीचे कुत्ते जमा थे। मालूम हुआ, इसी पारुलिया खाल के पास एक और हादसा हुआ था। अप्रैल में आसपास के गाँवों से क़रीब दो-तीन सौ हिन्दू-मुस्लिम शरणार्थी भागते हुए आये थे और पाक फौजों को देखकर इसी पुल के पास कगारों में छिप गये थे। रात को पाक सैनिकों ने चुपचाप छावनी से निकलकर उन्हें घेर लिया और एक-एक को गोली से भून डाला। तीन दिन तक लाशें वहीं पड़ी सड़ती रहीं। जब पूरा कस्बा दुर्गन्ध से सड़ने लगा, तब कस्बे के सभी अधेड़ पढ़े-बेपढ़े कुदाल लेकर गड्ढे खोदकर उन्हें दफ़नाने गये। अधेड़ इसलिए कि युवक या तो मारे जा चुके थे या मुक्तिवाहिनी में चले गये थे।

और यह संहार शुरू हुआ था उर्दू ज़बान से। आते ही फौज ने हुक्म दिया कि कस्बे के सारे साइनबोर्ड उर्दू में कर दिये जायें। यहाँ किसी को उर्दू लिखना नहीं आता था। दूसरे दिन उन्होंने 7 दुकानदारों को एक लाइन में खड़े करके गोली मार दी। उन्हें शक था कि बँगला में लोग मुक्तिवाहिनी के लिए संकेत लिखते हैं। कस्बे के लोग इतने घबरा गये कि उन्होंने चन्दा करके सतख़ीरा से एक उर्दू पेंटर बुलवाया और साइनबोर्ड बदलवाये। उन उर्दूवालों के ज़ुल्म का इंसाफ़ ख़ुदा करे—कस्बे वाले दिन-रात दुआ करते थे और सचमुच ख़ुदा ने इंसान किया। ऐन ईदु-उल-फित्र के पवित्र दिन यहाँ से हत्यारों ने डेरा कूच कर दिया।

इक्का-दुक्का दुकानें और इमारतें तेजी से जाती जीप पर पीछे छूटती जा रही हैं। कालीगंज आ रहा है। जमना किनारे बसा यह कस्बा जब आज युद्ध-ध्वस्त होने के बाद इतना रौनक-अफ़रोज़ है, तो पहले तो कितनी चहल-पहल रहती होगी यहाँ। कुछ फूस, कुछ टीन की छोटी-छोटी दुकानों की कतार। नदी के दोनों ओर लम्बे-लम्बे गोदाम, जिनमें से बाँस और लोहे के छोटे-छोटे माल लादने-उतारने के मचान। कुछ इक़हरी, कुछ दुमंजिली पक्की इमारतें और बीच-बीच में खेत और बाँस, केले के हरे झुरमुट। युद्ध के पहले यह खुलना ज़िले का काफ़ी बड़ा नदी-बन्दरगाह था। जूट यहाँ से लदकर खुलना जाता था और चालना बन्दरगाह से लदकर आयातित माल सीधे कालीगंज तक आता था। जमना के कगार काफ़ी ऊँचे हैं। लेकिन इस वक़्त भाटा है, अतः पानी बहुत कम। "जलील, इधर से नदी के रास्ते खुलना कितनी देर में पहुँचा सकते हो?" मनुभाई पूछते हैं। "काफ़ी जल्दी, यहाँ से खुलना सिर्फ़ 40 मील है। लेकिन बीच में 400 जगह फायरिंग होगी!" मेजर जवाब देते हैं।

इमारत के अहाते में : **युद्ध में मारे गये पाकिस्तानी सैनिकों की कब्रें, जिन्हें हमारी सेना ने समुचित सम्मान के साथ दफ़न किया।**

बंकरों का शहर

वाकई हुदा ने सच कहा था। यह शहर बंकरों का शहर है। हर गली में बंकर, नदी किनारे बंकरों की कतार, हर सरकारी इमारत में बंकरों की पाँत और दीवार तो शायद ही कोई बची हो, जिस पर गोलियों के निशान न हों। और यह क्या है? नारियल के पेड़ों के बीच एक बहुत बड़ा-सा मिट्टी का चौकोर ढेर। मालूम हुआ, यहाँ लाशों का बहुत बड़ा ढेर था। गड्ढे खोदने के बजाय चारों ओर से ट्रकों पर लाद-लादकर उन पर मिट्टी थोप दी गयी है, वह भी इसलिए कि बदबू से बंकरों में पाकिस्तानियों का बैठना मुश्किल हो गया था। और फिर तो लगने लगा कि यह नरहत्या की भयानक नगरी है। अस्पताल के पास अब भी कितनी लाशें पड़ी सड़ रही हैं।

बाद में किसी ने एक पुल दिखाया, जिस पर छोटा-सा बाँध-सा बँधा था। यही वह पुल था, जहाँ एक रजाकार लोगों को मार-मार पानी में फेंक दिया करता था। डाक बँगले का चौकीदार, नाम—मोहम्मद लालू। मारने के पहले लोगों के पेट चीर देता था ताकि पानी भर जाये और लाश तैरे नहीं। हट्टा-कट्टा? नहीं, दुबला-पतला, घिनौना-सा! महीने भर पहले उसे मुक्तिवाहिनी ने पकड़ लिया और तब अपने माँ-बाप को याद कर बच्चों की तरह फूट-फूटकर रो रहा था।

शाम पूरी तरह उतर आयी थी और हत्याओं का एक भयावनापन चारों ओर माहौल में छा गया था। हम जल्दी-से-जल्दी वहाँ से निकल आना चाह रहे थे। बीच में बाँस के एक झुरमुट में डूबता सूरज अटक गया था। सिन्दूरी नहीं, गाढ़े ख़ून के रंग का इतना ख़ौफ़नाक सूर्यास्त मैंने अपनी ज़िन्दगी में कभी नहीं देखा था। लेकिन मुड़ा तो उससे भी ख़ौफ़नाक चीज देखी। एक छोटा-सा चार-पाँच बरस का बच्चा, एक खोपड़ी लिये खड़ा था। पास के खेत में और हैं, उसने बताया। हम लोग थर्रा गये। क़त्लेआम के बीच पले ये अबोध बच्चे क्या जीवन भर सहज हो पायेंगे? पाकिस्तानी दरिन्दे यहाँ क्या करके गये हैं? क्या दुनिया में मानवता और प्रजातन्त्र के ठेकेदार बनकर घूमने वाले गोरे कभी समझ पायेंगे? मनुभाई उसे खोपड़ी फेंक देने को कहते हैं और जेब से निकालकर एक रुपया देते हैं। वह खुश होकर भाग जाता है। लेकिन इस दान का प्रतिफल हमें तुरन्त मिलता है। अगले मोड़ पर तीन बच्चे हड्डियाँ और खोपड़ी लिये खड़े हैं। हमारा ख़ून सर्द हो जाता है।

मेजर जलील हमारी स्थिति समझ रहे थे। "चलिए, उस पार चलें—नाज़िमगंज।" नाव आती है और हम उस पार जाते हैं, नाज़िमगंज, कालीगंज का नया नदीपार का मुहल्ला।

यहाँ बाज़ार में कुछ रौनक है। लालटेन और पेट्रोमैक्स जल गये हैं। एक पुराने ग्रामोफोन पर कोई बँगला गीत बजा रहा है। नाज़िमगंज और कालीगंज का मुक्तिवाहिनी कमाण्डर कैप्टन शचीन आता है। साँवला रंग, हँसमुख चेहरा, उजले दाँत। मेजर जलील उसे गले से लगा लेते हैं। उनका जाँबाज सहयोगी है वह। हमारे लिए डाब, चाय और गुलाबजामुन मँगवाता है। एक सरकारी इमारत के आँगन में कुर्सियाँ निकाल ली गयी हैं और हम चाँदनी में बैठे हैं। चाय आती है, तो अन्दर से एक बड़ी-सी दफ्तरी गोल मेज़ निकाली जाती है। हम चारों ओर कुर्सियाँ खींच लेते हैं।

'माँ काली की क़सम!

कैप्टन शचीन चाय का प्याला छोड़कर अपने मुक्तिसैनिकों के बीच चले गये हैं। वह टुकड़ी साखीपुर जा रही है। हम देखते नहीं, पर कैप्टन शचीन कह रहे हैं—"तुमको माँ काली की क़सम है, आज काम पूरा करके आना।" टुकड़ी के नौजवान मुक्त कण्ठ से कहते हैं—"माँ काली की क़सम, बोलो नारा-ए-तकबीर अल्लाहु अकबर—बंगबन्धु शेख़ मुजीब—ज़िन्दाबाद, ज़िन्दाबाद!" इस मिले-जुले नारे पर मेरा मन भर आया है। चाय अकस्मात् बहुत अच्छी लगने लगी है।

हमारी वापसी के लिए दूसरी युद्ध-नौका आ गयी है। पर पानी कम होने के कारण मुड़ नहीं पा रही। अन्त में घाट पर लगती है।

कुछ दूर चलकर नदी ख़ूब चौड़ी हो गयी है। चाँदनी में कितनी ख़ूबसूरत लगती है! इधर बसन्तपुर है, उधर हिंगलघाट। बसन्तपुर आज़ाद हो चुका है, लेकिन एक गोली छूटने की आवाज़ आती है। हमारे मशीनगन के निशानेबाज सतर्क हो जाते हैं। सर्चलाइट उधर घुमा दी जाती है। कहीं नहीं, कोई नहीं। सिर्फ़ बाँसों-नारियलों के झुरमुट और जहाँ सर्चलाइट नहीं, वहाँ बेले के गजरे जैसी चाँदनी। सुनसान नदी पर सिर्फ़ हमारा स्टीमर चला जा रहा है।

युद्ध : अप्रत्याशित आरम्भ

आप उस उदासी को क्या कहेंगे जो हिमालय की गगनचुम्बी चोटियों की रहस्यमय बर्फ़ के उजलेपन से भी न धुल सके? मैं सोच में डूबा हूँ कि आखिर जब सबसे ज्यादा मारक युद्ध जेसोर में चल रहा है, कलकत्ते के इतने पास, तब हमारे पुराने मित्र ईस्टर्न कमाण्ड के पी. आर. ओ. डायरेक्टर कर्नल रिखी ने हमें शिलांग क्यों भेज दिया है? वहाँ से हम कहीं वास्तविक चलते हुए युद्ध के पास पहुँच भी पायेंगे या उसी तरह निराश लौटेंगे, जैसे बनगाँव की जेसोर सीमा से भटककर लौट आये थे।

शरणार्थियों की व्यथा-कथा।

कैसे पार उतरना?

30 नवम्बर 1971 को कालीगंज से लौटकर दूसरे ही दिन सुबह हम जेसोर रोड पर चल दिये हैं। हावड़ा और दत्तपुकुर पार कर घनी छायादार सड़क जेसोर रोड! बनगाँव का गुंजान आबाद कस्बा। कार्यक्रम था कि वहाँ सीमा पार कर मुक्तिवाहिनी के जेसोर सेक्टर के मेजर उस्मान या झींकरगाछा के विजेता कैप्टन हुदा से मिलकर अन्दर जायेंगे, लेकिन पहुँचकर मालूम होता है कि सीमा तो दूर, इच्छामती के पुल से ही रास्ता बन्द-सा हो गया है। इस अनजाने कस्बे में अकस्मात् कोई पुकारता है, 'डॉ. भारती!' और दौड़कर गले लगाता है। ये हैं दिलीप दा (विश्वविद्यालय मुक्ति-संघर्ष सहायक समिति के दिलीप चक्रवर्ती)। उनके साथ हैं सुभाष बाबू के भतीजे डॉ. शिशिर घोष और अन्य दो डॉक्टर। मालूम हुआ कि घायलों की देखभाल के लिए वे आये हैं। उस पार जाना... असम्भव। मालूम होता है कि तीन स्पेशल बसों में भरकर दो सौ के लगभग देशी-विदेशी पत्रकार कर्नल रिखी के साथ आये हैं, वे भी लौट रहे हैं। बसें पुल पर दीख पड़ीं। हम लपके। पत्रकार सारे झुँझलाये हुए हैं और कर्नल रिखी व्यस्त। हम भी कर्नल रिखी के सामने जाकर चुपचाप खड़े हो जाते हैं। वे हमें देखते ही सहज मीठी मुस्कान के साथ स्वागत करते हैं और दूसरे ही क्षण, "कोई फायदा नहीं, कलकत्ते लौट जाइए। आज कुछ नहीं हो सकता। कल 12 बजे दफ्तर में आपका इन्तज़ार करूँगा।"

क्या इसी के लिए हम आये थे? मैं इतना खीजा हुआ हूँ कि लौटते समय दत्तपुकुर की रंग-बिरंगी देहाती हाट से खरीदी हुई ताजी लाल मूलियाँ और सिंघाड़े भी बेस्वाद लगते हैं। खा रहा हूँ, क्योंकि दिन भर चाय के अलावा कुछ नहीं मिला।

दूसरे दिन कर्नल रिखी के दफ्तर पहुँचे, तो शान्त-सुव्यवस्थित रहने वाले उनके दफ्तर में हुड़दंग मचा हुआ था। कमरों में, गलियारों में, सीढ़ियों पर, लिफ्ट में यहाँ तक कि चपरासी के स्टूलों तक पर हर देश, हर भाषा, हर रंग के दुनिया के कोने-कोने से आये पत्रकार-छायाकार भरे थे। उनके बीच से किसी तरह कर्नल रिखी निकलकर आते हैं, हमें अलग ले जाते हैं और जल्दी-जल्दी बताते हैं कि सुबह हेडक्वार्टर से आपके लिए परमीशन आ गयी है। अब पहले

प्लेन से शिलांग चले जाइये। वहाँ हमारे पी.आर.ओ. आपको आगे का कार्यक्रम बताएँगे। "लेकिन शिलांग? हम तो सोचते थे अगरतला जायें, पिछली बार..." हमें शिलांग की बात समझ में नहीं आती। पिछली बार अगरतला से कोमिल्ला सेक्टर गये थे मेजर ख़ालिद मुशर्रफ़ के क्षेत्र में। "अब फिकर न कीजिए, पिछली बार भी आप सही जगह गये थे!" कर्नल रिखी पत्रकारों की भीड़ में फिर गायब हो जाते हैं।

गोहाटी से शिलांग पहुँचते-पहुँचते ठिठुरन इतनी जबर्दस्त हो गयी है कि ठिकाना नहीं। जिस आर्मी पी.आर.ओ. को हमारे साथ जाना है, वह कहीं और है और दूसरे पी.आर.ओ. कैप्टन भटनागर कल 10 बजे आयेंगे, तब तक आराम करें। लेकिन आराम कहाँ?

सोच रहा हूँ, आज शुक्रवार हो गया, 3 दिसम्बर 1971। पता नहीं यहाँ शिलांग के आगे कहीं जा पाऊँगा भी या नहीं?

गोधूलि वेला और भी बेचैन कर जाती है हमेशा। आज तो और भी! यों! करीब 6 बजे सारी बत्तियाँ गुल हो जाती हैं। सायरन बजने लगते हैं चारों ओर अन्धा घुप्प! यह हुआ क्या? बात क्या है?

पुलिस वाले सड़क पर चलती गाड़ियों, मोटरसाइकिलों, स्कूटरों की बत्तियाँ बुझवाना शुरू करते हैं कहीं जाकर माजरा समझ में आता है। पुलिस वाला कहता है—"पाकिस्तान हमला बोल दिया है, पश्चिम बार्डर पर बम गिराया है। इधर भी गिर सकता है। बत्ती बुझाओ।" चारों तरफ रेडियो पर लोग समाचार सुनने लगे हैं। मालूम हुआ बिना किसी चेतावनी के पाकिस्तान ने हमला बोल दिया और पहली ही लपेट में पाठानकोट, अमृतसर, श्रीनगर, अम्बाला, आगरा पर जबर्दस्त बमबारी की है। इतने अचानक हमले की किसी को कल्पना भी नहीं थी। उसका इरादा था कि पहले ही हमले में भारतीय वायुसेना की कमर तोड़ दी जाये। बेहद चिन्ता हुई—क्या हुआ होगा। पर शीघ्र ही वायुसेनाध्यक्ष पी.सी. लाल ने बुलन्द घोषणा की कि "चोट करना तो दूर दुश्मन हम पर खरोंच तक नहीं लगा सका!" मन थोड़ा आश्वस्त होता है। तो युद्ध आरम्भ हो ही गया और हम स्वेटर, ओवरकोट, मफलर में लिपटे शिलांग में भटक रहे हैं। न कलकत्ता लौट सकते हैं न अगरतला जा सकते हैं। सारी उड़ानें बन्द। सारी ट्रंक लाइनें अस्त-व्यस्त। पता नहीं बम्बई में क्या हो रहा होगा?

रात उतर आयी है। कमरों में कार्निस के पीछे लकड़ियाँ जला दी गयी हैं, हीटर लगा दिये गये हैं। लेकिन ठिठुरन है कि बला। सुबह तक कोहरा घास में बर्फ बन जायेगा। रात को पीने के लिए रखे पानी पर बर्फ की पपड़ी जम जायेगी। मैं जाग रहा हूँ ब्लैक आउट की वजह से मोमबत्ती जला कर। आशंका है आज रात गोहाटी और शिलांग पर पाकिस्तानी हवाई हमला करेंगे।

मुक्तिवाहिनी के सेक्टर (खुलना, जेसोर, फरीदपुर और पटुआखाली) कमांडर मेजर जलील।

कुछ पीकर और सब थक कर सो गये हैं। मैं जाग रहा हूँ कि रात 12 बजे रेडियो पर इन्दिरा जी बोलने वाली हैं। लेकिन पता नहीं कहाँ से इस अँधेरे में ढोलक, मृदंग और किसी मादक लोकगीत की आवाज आ रही है। इस खौफनाक वातावरण में यह संगीत कैसा?

फसल कहीं, संगीत कहीं!

शाम को चाँद बहुत देर से उगा। यहाँ नहीं, शिलांग से सैकड़ों मील दूर, मेघालय और सिलहट (बांग्लादेश) की सीमा पर स्थित बलाट के डाक बँगले में सुबह 10 बजे पी. आर. ओ. कैप्टन भटनागर ने आते ही खबर दी कि कलकत्ते के आदेशानुसार कार्यक्रम बदल दिया गया है और अब हम डावकी की जगह बलाट से सिलहट क्षेत्र की सीमा पर जायेंगे। बलाट! मैंने तो कभी यह नाम ही नहीं सुना। मालूम हुआ कि संसार के इतिहास में शरणार्थियों का सबसे बड़ा कैम्प वहीं है। तीन लाख शरणार्थी यानी तीन बड़े कस्बों की आबादी के बराबर। लेकिन हम शरणार्थी कैम्प देखने आये हैं क्या? यह क्या मज़ाक़ हो रहा है?

कैप्टन रघुनाथ कृष्ण भटनागर, पी.आयी.बी. दिल्ली से डेलीगेशन पर आर्मी में आये हैं।

ऊँची-नीची, कच्ची, बेमरम्मत पहाड़ी सड़क पर धचके खाते-खाते शाम हो गयी है। मेघालय का अजीब करिश्मा है कि दिन भर खुली धूप, लेकिन शाम को पता नहीं कहाँ से घने बादल घिर आते हैं। दिन के 12 से ठिठुरन शुरू होती है, शाम और रात बर्फ़ीली। रात 12 बजे से सर्दी घटने लगती है। अब चलते-चलते रात हो गयी है और हम घने पहाड़ी जंगल में से गुजर रहे हैं। कहाँ गयी वह नीली पंडुक जैसी चिड़िया, जो शाम को बार-बार हमारी जीप के आगे आकर उड़ने लगती थी! इन जंगलों में बहुत शहद है, और उतने ही भालू-तेन्दुए भी हैं। काले तेन्दुए भी। और जंगलों के बीच से ही नीचे बहुत दूर रोशनियाँ दिखाई देती हैं। मीलों तक फैली हुई। वही है बलाट।

चाँद देर में निकलेगा। अँधेरा बेहद घना है। डाक बँगले के आगे ही नदी का पाट है और उसके पार रोशनियाँ, मीलों फैली। यह माइलाम है, कोई बताता है।

अभी तक हमारा सामान जीप पर लदा है। डाक बँगले में कोई जगह नहीं। यह तो अगर आधे घण्टे बाद कहीं से लेफ्टिनेंट कर्नल खुराना न आ जाते तो

रात जीप में ही गुजारनी होती। लेफ्टिनेंट कर्नल खुराना निहायत शरीफ़, बुज़ुर्गाना लहज़े में हमारी ओर देखकर कहते हैं—“मेरे जैसा बूढ़ा आदमी तीन दिन से जीप पर चल रहा है, बिना सोये, आप इतने में थक गये। चलिए, आपके आराम का इन्तज़ाम करता हूँ।” बॉर्डर सिक्योरिटी फोर्स के मेस से हमारे लिए खाना बनकर आता है।

सुबह जब हम 10 मील तक फैले माइलाम के इन शरणार्थी कैम्पों से गुजर रहे थे, तब इस संगीत का रहस्य मालूम हुआ। ये तमाम लोग सिलहट और मैमनसिंह ज़िले के हिन्दू-मुसलमान किसान हैं। वहाँ इनके खेतों में फसलें पक गयी होंगी। फसल पकने पर काटने के पहले ये ख़ूब जी-भरकर नाचते-गाते हैं। कल पकी फसलों की याद में बाँसुरी, ढोल बजाकर नाच रहे थे। फसल कहीं और है, संगीत कहीं और, सिर्फ़ पकने का समय और उगता हुआ चाँद इनके मन में फसल और संगीत को जोड़ गया था।

कितनी भयानक ट्रेजेडी हुई है यह। शरणार्थियों का निष्क्रमण, कितनी बड़ी समस्या थी हमारे प्रशासन के सामने और कितनी कुशलता और साहस से इस समस्या को सरकार ने सँभाला है, इसका अन्दाज़ शायद मुझे कभी न हो पाता, अगर मैं इस बलाट के कैम्प में न आता। 3 लाख लोग। मीलों जीप चलाते जाइए और झोंपड़ी का कहीं अन्त नहीं, और जिस बीहड़ पहाड़ी जंगली रास्ते में हमें बीस-बीस मील तक आदमी की शक्ल देखने को नहीं मिली, उसी रास्ते से गोहाटी और शिलांग से तीन लाख आदमियों के रहने-सहने, खाने-पीने, केरोसिन और दवाइयों की प्रतिदिन व्यवस्था करना कितना दुस्तर काम है, इसका अन्दाज़ा क्या अख़बारों से लग सकता है?

धन और नारी!

इन शरणार्थी कैम्पों के बीच से गुजारे हुए 10 मील हमें 100 मील लगने लगे हैं। लेकिन अब खेत आ गये हैं। खुला मैदान। बीच-बीच में दो-तीन बड़े-बड़े पत्थर गड़े हैं। मालूम हुआ, यहाँ भारत का क्षेत्र ख़त्म हुआ। आगे बांग्लादेश है।

और दो मील आगे वह है मुक्तिवाहिनी का एक बहुत महत्त्वपूर्ण, लेकिन बिल्कुल अचर्चित अड्डा चीनाकाँदी, नहीं सीनाकाँदी, क्योंकि सिलहट का बंगाली ‘च’ को ‘स’ बोलता है। वास्तव में सुनामगंज और सिलहट में जो मुक्तिवाहिनी

का युद्ध चल रहा है, उसमें इस अड्डे का बड़ा उपयोग हो रहा है। सुनामगंज यहाँ से 12-15 मील आगे है। इसके कुछ मुक्तियोद्धा सामने जाकर लड़ते हैं, ताकि पाकिस्तानी सैनिकों की रक्षापंक्ति इधर बनी रहे। लेकिन इसका मुख्य हमला होता है, बायें और दायें बाजू से। यहाँ से भैंसगाड़ियों पर लाद कर रसद, बिस्तरे, हथियार और गोला-बारूद मुक्तिवाहिनी ले जाती है, बीहड़ पहाड़ी रास्तों से 35-40 मील चलकर। वे सुनामगंज और सिलहट को आजू-बाजू और पीछे से घेर रहे हैं और यह सब काम बहुत पोशीदा तरीके से हो रहा है। गाँव पर एक बांग्ला-ध्वज फहरा रहा है। एक किसान सैनिक लुंगी बाँधे, राइफल लिये पहरे पर खड़ा है, लेकिन इसके अलावा पूरा गाँव सुनसान है, सिर्फ़ कुछ औरतें ढेंकी से धान कूट रही हैं।

अन्दर पहुँचकर मालूम होता है कि दो झोंपड़ों के बीच छिपकर भैंसगाड़ी पर युद्ध की सामग्री लद रही है, और पेड़ों के नीचे युद्ध-कौशल के क्लास लगे हुए हैं।

मैं मेजर मुतालिब को बताता हूँ कि कर्नल उस्मानी की बहुत इच्छा थी कि मैं सिलहट जाऊँ, क्योंकि सिलहट उनकी मातृभूमि है। जेसोर सेक्टर के मेजर उस्मान ने भी कहा कि सिलहट उनके प्रदेश जाकर वहाँ के बहादुरों को सलाम दूँ। यहाँ तक कि कलकत्ता से चलते-चलते दिल्ली में बांग्लादेश मिशन के अध्यक्ष हुमायूँ रसीद चौधरी से भी भेंट हुई थी। उन्होंने भी कहा था कि सिलहट की सरज़मीं को मेरा सलाम देना, मैं वहीं का हूँ! मेजर खुश हो उठते हैं। उनका गला भर आता है। बहुत भरी आवाज़ में कहते हैं—"उनका शुक्रिया कि वे लोग हमें भूले नहीं, वरना हम तो ऐसे सुनसान-वीरान इलाक़े में यह लड़ाई महीनों से बिल्कुल अकेले चला रहे हैं। पर उनसे कहना कि जब तक मेजर मुतालिब ज़िन्दा है, वह इन पाक दरिन्दों को चैन से नहीं बैठने देगा।"

और इतने में छोटे मुर्शद अली दौड़ते हुए आते हैं—"पाकोस का जहाज़।" सचमुच हवाई जहाज़ की आवाज़ सुन पड़ती है और हम सब भागते हैं। यहाँ साइरन नहीं है। आवाज़ सुनकर ही पता चलता है। कुछ खाइयों में छिपते हैं। कुछ केले के कुंजों में, गाँव बिल्कुल सूना। जहाज़ आकर निकल जाते हैं। थोड़ी देर बाद बमों की आवाज़ आती है। "पाकिस्तानी पाथरवाट पर बम बरसा रहे हैं। आप लोग अब जीप लेकर जाइए।" मेजर कहते हैं। सबको विदा देते हुए खेद प्रकट करते हैं कि अन्दर नहीं ले जा सके। लेकिन धन्यवाद कि मैं

मार्च के बाद आज आपके बीच हँस सका हूँ। अंग्रेज़ पत्रकार से मुस्कुराकर कहते हैं—"बांग्लादेश में किसी से हिन्दू-मुसलमान मत पूछियेगा। आपको नाम से भी नहीं मालूम पड़ेगा, आप तो लड़कियों से ही पूछेंगे, उन सबके नाम बंगाली होते हैं!"

मेजर के लिए मेरे मन में एक नया आदर जाग गया है। शाम को शिलांग पहुँचे, तो मालूम हुआ कि ऐसा बहादुर निःस्पृह अफ़सर है वह कि जवाब नहीं। पिछले आठ महीने से अकेले, लड़ते-लड़ते उसमें कुछ सिनिसिज्म जरूर आ गया है और इसीलिए सब उसे 'पगला मेजर' कहते हैं—बड़े प्यार से।

भारत-पाकिस्तान के बीच निर्णायक युद्ध

[अब आप इस युद्ध का वह विवरण पढ़ेंगे जो लेखक ने अपनी जान हथेली पर रखकर—भारतीय सेना के जनरल गन्धर्व नागरा और ब्रिगेडियर क्लेर के साथ एक सैनिक की तरह युद्ध क्षेत्र में स्वयं जाकर अपनी आँखों से देखा है।]

शिलांग पहुँचकर सुबह कलकत्ते का फोन मिलाकर कर्नल रिखी से बात करते हैं तो वे अपने उसी सहज प्रसन्न भाव से कहते हैं कि कुछ कारणों से दो दिन आपको रुकना पड़ा। अब मैंने बात कर ली है। आपको कैप्टन भटनागर यथास्थान ले जायेंगे और वहाँ आपको आर्मी जीप मिल जायेगी और फिर उसके बाद आप आर्मी के साथ जहाँ तक जाना चाहें। लगता है, अब कुछ सही कार्यक्रम बन रहा है। पूरी दिलजमई होती है जब जीवन (गुप्ता) हमें बुलाते, हमें कहाँ जाना है, यह नक्शे पर समझाते हैं। हम अगर लंच के बाद चल दें तो रात बारह बजे तक टैक्सी हमें वहाँ पहुँचा देगी। वहाँ से सुबह चार बजे आपको आर्मी जीप लेकर वहाँ चली जायेगी, जहाँ युद्ध चल रहा है।

तमाम अफ़सर मिलने आते हैं : मेजर मूर्ति, मेजर बाधवा, ब्रिगेडियर बेरी, जनरल नागरा—धर्मयुग को सब जानते हैं, सेना का प्रिय पत्र है—"वायुसेना और नौसना पर आपने बहुत छापा है। इस बार आर्मी का करिश्मा देखियेगा।" वे प्यार से शिकवा करते हैं। इस पूरे क्षेत्र के जनरल हैं मेजर जनरल गन्धर्व नागरा। तनी मूँछें और लाल पट्टीवाले हैट में उनका व्यक्तित्व भव्य लगता है। वे बहुत व्यस्त हैं, अभी हेलीकॉप्टर से युद्ध-क्षेत्र से आये हैं और फिर वापस जा रहे हैं। "अच्छा, कल वहीं मिलेंगे आप लोगों से। अब आप हमारे मेहमान हैं। बस, यह समझ लीजिए कि जो हम खायेंगे, वह आप खायेंगे, जहाँ हम सोयेंगे, वहाँ आप सोयेंगे—और यह याद रखियेगा कि यह युद्ध का मैदान है। लौटकर जायेंगे

मुक्तिसैनिक : **युद्ध और गीत साथ-साथ।**

तो ठीक, नहीं तो...” और वे हँस दिये, प्यार से पीठ थपथपाकर बोले—“हमने कमालपुर ले लिया है और आज रात बख़्शीगंज में हमारी सेना का डेरा है। कल सुबह आगे बढ़ेंगे। आप अभी चल दें, रात तक बख़्शीगंज पहुँच जायें। वहाँ के कमाण्डर, बिग्रेडियर क्लेर को मैंने आप लोगों के बारे में कह दिया है।”

“जनरल, हमें कहाँ तक जाने की इजाज़त होगी?” मैं पूछता हूँ।

“इजाज़त? ह्वाट नानसेंस! यू आर इन एडिटर। एडिटर लोग इजाज़त कब से माँगने लगे? जहाँ तक तुम्हारी मर्ज़ी हो चलो। जो देखना चाहो देखो!”

सीना चौड़ा हो जाता है! यही तो चाहते थे हम। कर्नल रिखी को हृदय से धन्यवाद देते हैं। सारी थकान हवा। अब हम जायेंगे अपनी सेना, अपनी विजयिनी सेना के साथ, स्वतन्त्र बांग्लादेश में, जिसे कल इन्दिरा जी ने मान्यता दे दी है। अब मन खुश है तो सब याद आ रहा है। कल शिलांग बाज़ार में थे हम। दोपहर को 11 बजे। एक सज्जन एक दुकान पर खड़े ट्रांजिस्टर पर खबरें सुन रहे थे। पार्लियामेंट में मान्यता देने की खबर आयी कि वे उछल पड़े। लोग एक-दूसरे के

गले मिलने लगे। छोकरे नाचने लगे। क्या सोचा होगा लोगों ने, जब उन्होंने देखा होगा कि मैं मुँह मोड़कर आँखों में छलक आये आँसू पोंछने लगा। कब से इन्तज़ार था इस दिन का। बहुत भरे गले से बाज़ार की भीड़ के साथ बोलता हूँ—'इन्दिरा गाँधी ज़िन्दाबाद!' 'जय हिन्द!' लेकिन नारे क्या मन की गहरी बात कह पाते हैं!

शाम हो रही है और हम ट्रक पर जा रहे हैं, छह-छह इंच उछलते हुए। रात हो गयी है। किसी छोटे गाँव के बाज़ार में ट्रांजिस्टर पर खबरें आ रही हैं। हम रुककर खबरें सुनते हैं, फिर चल पड़ते हैं। घने अँधेरे में ट्रक दौड़ रहा है। अब सीमा पार कर बांग्लादेश में आ गये हैं। मुक्तिवाहिनी का एक आदमी लालटेन लेकर आता है। तम्बू पर बांग्लादेश का झण्डा। वह ड्राइवर से ट्रक रुकवाता है और फिर मुक्तियोद्धाओं की पूरी भीड़ ट्रक में कूद पड़ती है। सब छात्र हैं। कुछ को टूटी-फूटी अंग्रेज़ी भी आती है। उनकी स्टेनगनों से हमारे कन्धे रगड़ खा रहे हैं। इधर शायद रिवाज है, वे मुझसे बात करते समय 'सर' नहीं कहते—वस्ताद (उस्ताद) कहते हैं। बताते हैं—'वस्ताद, इधर का पुकुर में सिंगा माछ, झागुर माछ बेशी है।' अपने ज़िले की श्रेष्ठता बताकर खुश होते हैं। फिर हमें 'आमार सोनार बांग्ला' गाकर सुनाते हैं। कमालपुर के पास उतर जाते हैं। जाते-जाते उनमें से एक कहता है—"वस्ताद, आमार मित्र इण्डिया, आमी तोमाय भालोबाशी!"

शेर आदमी

बख़्शीगंज (बांग्लादेश) पहुँचते-पहुँचते घना अँधेरा हो आया है। कस्बा मानो फौजी छावनी बन गया है। लालटेनों और टार्चों की रोशनी में जहाँ देखिए हमारे फौजी ट्रक, हमारे सिपाही। पेड़ों के नीचे, तम्बुओं में, सरकारी इमारतों में। हम हेड क्वार्टर ले जाये जाते हैं, ब्रिगेडियर क्लेर से मिलने। स्कूल की इमारत का एक कमरा। तख़्त के पास एक मेज़ पर रखी लालटेन। कोने में टिकी एक राइफल। वे उठकर स्वागत करते हैं। लम्बा, कद्दावर, भरा लेकिन सुता हुआ बदन। छोटी लेकिन ऊपर को ऐंठी हुई तनी मूँछें, कसी हुई दाढ़ी और केशों पर पगड़ी के बजाय एक पैराशूट के कपड़े का हरा-भूरा स्कार्फ। "यह स्कार्फ हाजीपीर की याद है। वहीं से यह पैराशूट का कपड़ा लाये थे और हम सब, जो उस युद्ध में साथ थे, आज तक युद्ध-क्षेत्र में इसे बाँधते हैं", वे बताते हैं। चलते समय छड़ी का सहारा लेते हैं, क्योंकि एक पैर में अभी भी चोट है। पता चला कि अभी पिछले दिनों वे जनरल के साथ जीप में जा रहे थे, खुद ड्राइव करते हुए कि एक माइन पर जीप चली गयी। माइन फटी

आगे की योजना बनाते हुए ब्रिगेडियर क्लेर, जनरल नागरा, ले. कर्नल ब्रार और मेजर महेन्द्र।

और जीप उड़ गयी। जनरल बहुत सख़्त घायल होकर अस्पताल में हैं, लेकिन ब्रिगेडियर क्लेर बच गये, सिर्फ़ पाँव घायल हुआ। उन्हीं जनरल की जगह अब जनरल नागरा आये हैं। और जीप? उसकी मरम्मत कराकर उसमें नया इंजन डलवा रहे हैं। वह जीप भाग्यवान साबित हुई। "लेकिन जो जीप तुम्हारे लिए मँगवाई है, उसमें बालू के बोरे नीचे रखवा दिये हैं। माइन पर पड़ेगी भी, तो ज्यादा चोट नहीं आयेगी।"

शेर आदमी हैं। आँखें तेज से दमक रही हैं—"तुम लोग जरा पहले आते तो कमालपुर की लड़ाई देखते। किस कदर मोर्चेबन्दी कर रखी थी उन्होंने। काफ़ी जोर का मुक़ाबला करते रहे। फिर शनिवार को मुक्तिवाहिनी का योद्धा सफेद झण्डा और ख़त लेकर गया कि समर्पण कर दो। नहीं माने। अन्त में 147 कैदी बनाये हमने। बंकरों में लड़कियों को पकड़ रखा था उन्होंने। यहाँ सुबह देखना मेजर शौक़त और कैप्टन एदतात की क़ब्रें हैं। गाँववाले कहते हैं, मेजर शौक़त ठीक आदमी था, लेकिन कप्तान एदतात बदमाश था। 50 बंगालियों को रोज मरवाता था। रेडियो आउटपोस्ट पर एक उनका हिम्मती जवान था। उसके सन्देश हम सुनते थे। जब उसे पकड़ा तो उससे पूछा, 'तुम कुछ साथ ले जाना चाहते हो?'

बोला, 'क़ुरान।' हमने मँगवाकर सफेद कपड़े में लपेटकर उसे दिया। अचरज से उसकी आँखें फटी-की-फटी रह गयीं। शर्म से सर झुकाकर बोला, 'सर, हमें बताया गया था कि हिन्दोस्तानी लोग ख़ूँख़ार हैवान होते हैं। सॉरी सर!'

दो ईरानी भी थे। हमने पकड़े हैं। कल उनसे मिलना तुम। और स्वागत तुम देखते। उस छोटे-से कस्बे में 10,000 लोग, सब गले लगाने को उत्सुक, हमारे तो कपड़े फटते-फटते बचे। मालाओं से मुँह तक ढक गया, और ये बड़े सतर्क लोग हैं। पहले कहीं एक औरत नहीं थी, सब जंगलों में छिपी थीं। जब जनरल ने कहा कि हम भारत के लोग औरतों का माता और बहन की तरह पूजन करते हैं, तब औरतें भी आकर 'जय बांग्ला, 'जय हिन्द' बोलने लगीं। मगर मुझे सबसे ज्यादा खुशी है कि मेरे सिर्फ़ चार जवान घायल हुए। हाँ, तुम्हें साथ ले चलेंगे ऐन मोर्चे पर।" और उन्होंने अपना गिलास खाली करते हुए कहा, "तुम लोगों को 24 घण्टे बीत गये सफ़र करते, अब जाकर आराम करो। आज शेरपुर खाली कर पाकिस्तानी भाग गये हैं। अभी 3 बजे शाम को। कल सुबह 8 बजे तैयार होकर वहाँ पहले पहुँच जाओ। 8.30 बजे हम और जनरल आयेंगे।"

हम आफ़िसर्स मेस में जाते हैं। एक कमरे में बेंचों पर कपड़ा डालकर उन्हें मेज़ बना लिया गया है। ब्रिगेडियर के सहकारी मेजर राजपाल हमारी देखभाल कर रहे हैं। सभी फौजी अफ़सर हम लोगों को देखकर अचरज भी करते हैं और खुश भी होते हैं, खास तौर से इंजीनियरिंग कोर के मेजर पोंग्शे। वे पूना के हैं। बम्बई के लोगों को पाकर उन्हें लगता है मानो घर के लोग आ गये हों।

ट्रकों, बंकरों, हथियारों के बीच में से लालटेन की रोशनी में हम बाज़ू की डिस्पेंसरी की इमारत में ले जाये जाते हैं, जहाँ हमारे सोने का इन्तज़ाम है। बाहर खुले मैदान में, बरामदे में, सीढ़ियों पर, ऊपर छज्जों पर, कमरों में, हर जगह धान का पुआल बिछाकर हमारे सैनिक लेटे हैं। कुछ सो गये हैं। कुछ बातें कर रहे हैं। एक टॉर्च की रोशनी में ख़त लिख रहा है। हमारे लिए तख़्त उठाकर लाये जाते हैं। एक लालटेन भी मिल जाती है। पर बिस्तरा! वह तो हम लाये नहीं। मेजर पोंग्शे की यूनिट से कम्बल आते हैं। मैं एक बिछाता हूँ, एक ओढ़ता हूँ, ओवरकोट को तह कर तकिये की तरह रख लेता हूँ। पानी! रात को प्यास लगे तो किसी भी सिपाही के फ्लास्क से मिल जायेगा।

'पहली रात'

लालटेन धीमी कर दी है। सारा बख़्शीगंज सो गया है। यह नितान्त अपरिचित बांग्लादेश का कस्बा। जिनको कभी नहीं जानता था, युद्धभूमि में उनसे घिरा हुआ आश्वस्त। चारों ओर ख़ामोशी है, गहरी ख़ामोशी। सिर्फ़ पास के खेतों में कहीं सियार बोल उठते हैं। देर तक बोलते रहते हैं। फिर वे भी चुप हो जाते हैं। सिर्फ़ बैटरी चार्ज करने वाली मशीन धक-धक कर चल रही है। सभी गाड़ियों की बैटरियाँ चार्ज हो रही हैं, सुबह के मार्च के लिए।

मुझे नींद नहीं आ रही। कल रात इस समय कहाँ थे? दो सौ मील दूर ग्वालपाड़े के जंगल में। टैक्सी के दोनों पहिये पंक्चर हो गये थे। घुप अँधेरे में सड़क के दोनों ओर शाल के ऊँचे पेड़ों का घना जंगल। टैक्सीवाला पंक्चर पहिया लेकर एक जाती हुई जीप पर अगले गाँव चला गया है बीस मील दूर। जाते-जाते आश्वस्त कर गया था कि यह जंगल इधर मेघालय में फैला है और उधर असम में, लेकिन जंगली हाथी बॉर्डर थोड़े ही जानते हैं! इधर-से-उधर चले जाते हैं यही सड़क पार कर, मगर आप घबराइयेगा नहीं। और गाँववाले सीधे हैं। कभी लालच आ जाये तो बात दूसरी है। सामान छीन लेते हैं। लेकिन कुछ होगा नहीं।

हम जंगल की आधी रात की ठिठुरती ठण्ड में शीशे बन्द करके बैठे हैं। न आदमी, न आदमज़ात। किसी गाँव से दूर कुछ आवाज़ें आती हैं। पता नहीं, कितनी दूर है वह गाँव! मुझे एक क्षण को भी नींद नहीं आती। रात में जंगल में क्या होता है, देख रहा हूँ। एक साल वृक्ष के तने पर कहीं से रोशनी पड़ रही है। केवल एक तने पर अजीब भुतहा-सा लगता है।

धीरे-धीरे रोशनी बढ़ती है। पता चलता है, कहीं चाँद निकल रहा था ऐसे कोण पर कि केवल एक पेड़ पर रोशनी पड़ रही थी। थोड़ी देर में चाँद ऊपर आ जाता है। अब जंगल का रंग बदल गया। घनाव के बजाय फैलाव। और फिर टप टप टप! बारिश तो हो नहीं रही। नहीं, पत्तियों पर घनी ओस है। एक से दूसरी, दूसरी से तीसरी, तीसरी से चौथी पत्ती पर ओस टपक रही है।

अब चाँदनी में सारा जंगल बूँदों का झरना बन गया है। लो, अब चाँदनी धीमी पड़ रही है। पौ फटने वाली है शायद। पौ फटने के जरा पहले किसी घोंसले में चिड़ियों के बच्चे कुनमुनाते हैं और जब यादों के इस जंगल में सुबह का पहला पाखी घुँघरू की-सी आवाज़ में बोलता है, तब मुझे गहरी नींद आ जाती है। सिपाहियों की-सी गहरी, मगर सतर्क नींद। मेरी पहली सैनिक रात!

ब्रह्मपुत्र की मोर्चेबन्दी

फौज का सवेरा भी ख़ूब होता है। रात को जो शहर चारों ओर बस गया था, वह सारा सिमटकर लारियों और ट्रकों में भर चुका है और दो टुकड़ियाँ आगे मार्च भी कर चुकी हैं। हम जब अलसाते-अलसाते उठते हैं, तब तक हमारी इमारत के सारे सिपाही बिस्तरे बाँधकर ट्रकों पर सवार हो रहे हैं।

दिन में बख़्शीगंज का असली रूप नज़र आता है। हर जगह पाकिस्तानियों ने बंकर बनाये थे, ठोस पत्थर-सीमेंट के, ऊपर घास के थक्के। सामने बड़ी इमारत में उनका हेडक्वार्टर था। रक्षादुर्गों की तीन पंक्तियाँ और लड़ाई का सामान इतना बेहिसाब!

और हम मेस जाते वक़्त वह बंकर देखते हैं, जिनमें उन्होंने औरतें रख छोड़ी थीं। वहाँ एक तख़्त भी पड़ा हुआ है। हथियार तो अमरीका और चीन ने अपने मित्र को दिये थे, तख़्त किसने दिया था?

मालाएँ और जय-ध्वनियाँ

साढ़े सात बज गये थे और हमें ब्रिगेडियर और जनरल के पहुँचने के पहले शेरपुर पहुँचना था। जीप तैयार थी। सड़क के दोनों ओर हर पुलिया, हर गाँव पर बच्चे-जवान-बूढ़े खड़े थे और हमें देखते ही 'जय बांग्ला' से आसमान गुँजा देते। जीप देखते ही खेतों से बच्चे 'जय बांग्ला' चिल्लाते हुए दौड़ते थे। मुँह पर एक उल्लास था। एक सन्तोष!

शेरपुर के कुछ पहले पक्की सड़क शुरू हो जाती है। तीन दिन से धूल उड़ाती कच्ची सड़कों पर धक्के खाने के बाद यह पक्की सड़क वरदान-सी लगती है। मालूम होता है कि शेरपुर होती हुई यह ब्रह्मपुत्र के किनारे तक जाती है। शायद कभी जमालपुर पर पुल बनाने का इरादा रहा हो, पर कभी बना नहीं। और यही

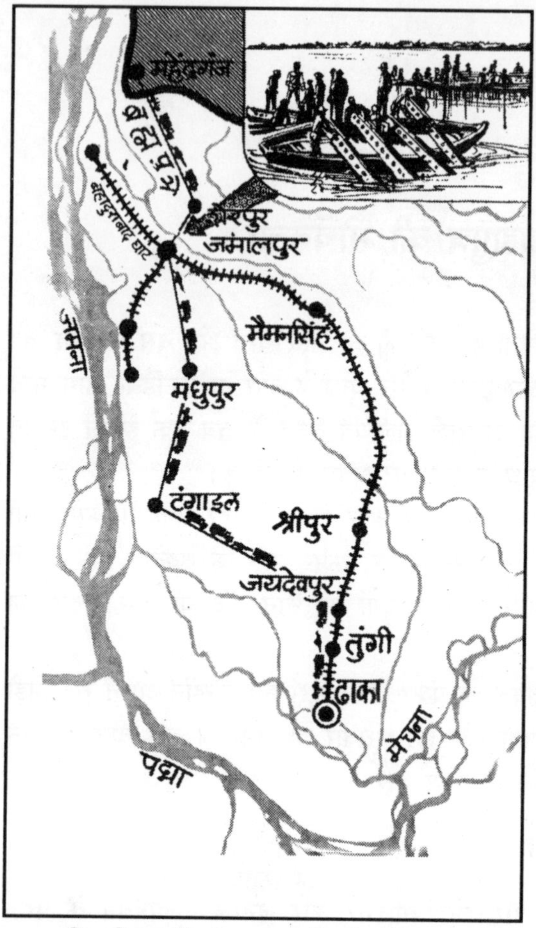

इन मानचित्र से पाठकों को आभास हो सकेगा कि जमालपुर के युद्ध-बिन्दु का सामरिक महत्त्व क्या था। ढाका के पूर्व और पश्चिम में अनेक छोटी-छोटी नदियों का जाल है लेकिन उत्तर से हमारी सेना जिस रास्ते से आयी थी उसमें केवल जमालपुर के पास ही ब्रह्मपुत्र को पार करना था (देखिये तीर से चिन्हित स्थल)। जिस मार्ग से वह ढाका की ओर अग्रसर हुई वह भी इसमें निर्देशित है।

वजह है कि ब्रह्मपुत्र के उस पार जमालपुर पर पाकिस्तानी सेना ने बहुत सख़्त मोर्चाबन्दी कर रखी है। वे नहीं चाहते थे कि इधर से भारतीय सेना बढ़कर उस किनारे पर क़ब्ज़ा करे और दोनों किनारे जोड़कर पुल बना सके। मैं चलती जीप पर नक्शा निकालकर देखता हूँ, तो जमालपुर के मोर्चे का महत्त्व समझ में आता जाता है। अख़बारों में जेसोर और कोमिल्ला की खबरें भरी पड़ी हैं। लगता है जेसोर और कोमिल्ला से ही बढ़कर हमारी सेनायें ढाका में दाखिल हो जायेंगी। लेकिन उधर बीच में बहुत-सी छोटी-बड़ी नदियाँ हैं। दर्जनों। अतः एक-एक स्थान पर पुल बनाने या नावों को जोड़कर ट्रक पार कराने में हफ्तों लग जायेंगे। लेकिन उत्तर से जनरल नागरा की इस सेना के मार्ग में भारतीय सीमा से ढाका तक केवल एक नदी है ब्रह्मपुत्र। हमारी सेना उसे पार कर ले तो माधोपुर-टंगाइल से जयदेवपुर होते हुए ढाका तक सीधी पक्की सड़क है।

रास्ते में कोई रुकावट नहीं। इसलिए जमालपुर का युद्ध वस्तुतः ढाका का युद्ध है। हमने जमालपुर ले लिया तो फिर ढाका को गिरते देर नहीं लगेगी।

तो बांग्लादेश की मुक्ति का असली मोर्चा ब्रह्मपुत्र पर है, यहाँ शेरपुर में। पूर्वी कमान की सारी रण योजना सचमुच बड़ी कुशलता से बनाई गयी है। जनरल नागरा और ब्रिगेडियर क्लेर बहुत सावधानी से बढ़ रहे हैं। जनरल को विश्वास है कि सबसे पहले वे और क्लेर ही ढाका पहुँचेंगे।

आज़ादी की ईद

लेकिन जब हम शेरपुर पहुँचते हैं तो दूसरा मोर्चा लगा हुआ है। आज़ाद और उत्फुल्ल नागरिकों का मोर्चा, भारतीय मित्रों के स्वागत के लिए। सड़क पर एक बहुत ऊँचा पक्का तोरणद्वार बना है। पास ही मुंसिफ़ी अदालत में हमारी सेना की अग्रिम टुकड़ियाँ आकर डेरा डाल रही हैं। लेकिन लोग जमा हैं सामने के शेरपुर-क्लब के विशाल मैदान में। हजारों-हजार लोग। रंग-बिरंगी लुंगियाँ पहने किशोर, युवक, ईद के-से कपड़े पहने बच्चे, कुर्ता-पजामा और गले में रूमाल डाले बूढ़े मौलाना, स्टेनगन लिये मुक्तिवाहिनी के जत्थे। सड़क पर आसपास के गाँवों से आये किसान भारतीय सेना की हर ट्रक, हर जीप का 'जय बांग्ला' चिल्लाकर स्वागत करते हुए, उनसे हाथ मिलाते हुए, मना करने पर भी उन्हें पान, सिगरेट ला-लाकर देते हुए। किनारे पर पान-बीड़ी, मूँगफली-मिठाई, नारियल की दुकानें लग गयी हैं। लाउडस्पीकर पर कोई मुक्तिवाहिनी का सैनिक कुछ बोल रहा है—बँगला समझने की कोशिश करता हूँ, वह कह रहा है, "15 दिन पहले हम पर पाकिस्तानी फौज की हुकूमत थी, इसलिए आपने ईद नहीं मनाई। आज आज़ादी की ईद है, अब हम कभी गुलाम नहीं होंगे। हमारे भारतीय मित्र अपनी जान देकर हमारे लिए यह आज़ादी की ईद लाये हैं। शेख़ मुजीब को भी लायेंगे।" नारा लगता है, "जातीर पिता शेख़ मुजीब, ज़िन्दाबाद, ज़िन्दाबाद!" बांग्लादेश का हर झण्डा बीच में फहरा रहा है, मैदान के बीचोबीच सफेद कपड़ा बिछाया गया है, जनरल के हेलीकॉप्टर के उतरने के लिए। एक मुक्तिसैनिक सफेद झण्डा लिये खड़ा है। मैत्री का, सुलह का झण्डा। हर हाथ में मालायें, गेंदे की, काग़ज़ और पत्तियों की, तगर और तुलसी की। हम लोग आगे बढ़कर भाषण-मंच के पास जा रहे हैं कि लोग हमें घेर लेते हैं। मालाओं से लद जाते हैं हम। कौन-कौन हाथ मिलाकर बांग्ला में क्या-क्या कह रहा है, कुछ मालूम नहीं। उन्हें मालूम नहीं हम कौन हैं,

भारतीय हैं बस। कृतज्ञता और ममता किसी भी कौम की बहुत बड़ी सिफ़त होती है। मुक्तिवाहिनी के जवान हमें घेरकर मंच तक पहुँचाते हैं। हेलीकॉप्टर की आवाज़ सुन पड़ती है। लोग उछल-उछलकर देखते हैं। चक्कर काटकर हेलीकॉप्टर नीचे आता है। जनरल उतरते हैं, पीछे क्लेर। और भीड़ ने दोनों को लपेट लिया है। मालाओं से लाद दिया है। बूढ़े आगे बढ़कर दोनों योद्धाओं को गले लगाते हैं। दुआयें देते हैं। एक बूढ़ा फूटकर रो पड़ता है। "यू आर अवर फ्रैंड! ग्रेट फ्रैंड!" और रोता जाता है। लोग अपने बच्चों को गोद में उठकर उनसे मालायें डलवाते हैं। लाउडस्पीकर पर नारे लगा रहे हैं—"जय इन्दिरा! जय इन्दिरा!" और सहसा नया नारा सुनाई पड़ता है—"मुक्तिवाहिनी मित्रवाहिनी, ज़िन्दाबाद-ज़िन्दाबाद! भारत-बांग्ला मित्रवाहिनी ज़िन्दाबाद-ज़िन्दाबाद!" कुर्सियाँ पड़ी रह जाती हैं, जनरल और बिग्रेडियर मेज़ पर खड़े हो गये हैं। साथ हैं मुक्तिवाहिनी के कैप्टन अब्दुल अज़ीज़ और उनके सहायक ए. एस. भुइयां।

जनरल बोलते हैं (हिन्दी में)—"शेरपुर और गिद्धोनिवाज के बंगाली भाइयो! मुझे बहुत खुशी है कि आपका इलाका आज दुश्मन से आज़ाद हो गया है।" और इस एक वाक्य पर फिर नारे लगने लगते हैं, फिर वे बोलते हैं—"मुक्तिवाहिनी

उधर नदी के एक किनारे इंजीनियरिंग यूनिट अपना सामान उतार रही थी। कुछ लोग नावों से होकर पार उतर रहे थे।

आपकी जीत गयी। सिलहट और जेसोरे पर क़ब्ज़ा हो चुका है। (जय बांग्ला! जय बांग्ला!) हम जल्दी ही ढाका में पहुँच जायेंगे (मित्रवाहिनी-मित्रवाहिनी, ज़िन्दाबाद-ज़िन्दाबाद!) बांग्लादेश की हुकूमत को भारत और भूटान ने मान लिया है। इस सबका श्रेय मुक्तिवाहनी की बहादुरी को है और आपकी मदद से इस काम को हम अंजाम दे सके। अब शेख़ मुजीब साहब जल्दी-से-जल्दी वापस आकर आपकी देखभाल कर सकेंगे। आप सब आज मन्दिर-मस्जिद में जाकर उनके लिए दुआ करना। अब मेरे साथ तीन बार बोलिए—जय बांग्ला! जय बांग्ला! जय बांग्ला!" कैप्टन अब्दुल अज़ीज़ आगे आकर माइक हाथ में लेकर बोलते हैं : "जय हिन्द!" लोग हाथ उठाकर बोलते हैं : "जय हिन्द!" "भारत-बांग्ला मैत्री ज़िन्दाबाद-ज़िन्दाबाद!" एक मौलाना अपने नवासे को गोद में लेकर आये हैं कि जनरल उसके माथे पर हाथ रखकर दुआ दें। जनरल अपनी माला उसे पहनाकर उसे गोद में ले लेते हैं।

महीनों बाद फूल-मालाओं और मिठाइयों की दुकानें कल रात भर खुली रही हैं। पीछे शेरपुर-क्लब की इमारत में भारतीय अतिथियों के लिए जलपान की व्यवस्था है। आन्दोलन के ठीक महीने भर बाद पाक सेना आयी, 26 अप्रैल को। और उस दिन से फिर कॉलेज नहीं खुले। हत्या, बलात्कार और लूट-पाट शुरू हो गयी। कोई कोना ऐसा नहीं, जहाँ उनकी अमानुषिकता की छाप न छूटी हो। 12-12 बरस की बच्चियों को नष्ट करके उन्होंने संगीनें भोंककर उनकी लाशें बीच बाज़ार में छोड़ दीं। इस जलपानगृह में ये लोग जो हमें इसरार कर-करके रसगुल्ले और समोसे खिला रहे हैं, स्थानीय अवामी लीग के एम.एन.ए. अनीसुर्रहमान, एम.पी.ए. मौलवी निज़ामुद्दीन, डॉ. आलम, कैप्टन अब्दुल अज़ीज़, भुइयाँ, अबू यूसुफ़ और तमाम नये मित्र, इन्होंने क्या-क्या नहीं भोगा है, कल सुबह जब इन्होंने देखा कि पाक सेनायें ट्रकों और जीपों पर लदकर, हथियार लादकर ब्रह्मपुत्र के तट पर जा रही हैं, नौकाओं से पार उतरकर जमालपुर जाने के लिए, तब भी इनके चेहरे पर मुस्कान नहीं आयी। भेड़ियों की तरह टूट पड़ने वाले उन अत्याचारियों के सर झुके हुए थे।

बलबीर सिंह हमें अलग ले जाकर बताते हैं कि जनरल नागरा और ब्रिगेडियर क्लेर हेलीकॉप्टर से जल्दी ही ब्रह्मपुत्र के किनारे जा रहे हैं, स्वयं वह क्षेत्र देखकर आगे की योजना बनाने। हम अब बातचीत छोड़कर तुरन्त जीप से जायें। ब्रह्मपुत्र यहाँ से कई मील दूर है, लेकिन जनरल की सख़्त हिदायत है कि ब्रह्मपुत्र के दो

मील इधर जो पोस्ट है, बस वहीं रुककर जनरल का इन्तज़ार करें। दोनों ओर से गोलाबारी हो रही है। अगर हमारे होते हुए गोलाबारी शुरू हो जाये तो जीप को खुली सड़क पर न छोड़ें। किसी पेड़ के नीचे या झुरमुट के पीछे खड़ी कर किसी आड़ में लेट जायें। बलबीर सिंह बाद में जनरल के साथ आयेंगे।

अग्निवर्षक

अब हमारी जीप तेजी से पक्की सड़क पर दौड़ रही है। सहसा हवाई जहाज़ों की आवाज़ आती है। हमारे दो बमवर्षक उड़ते हुए जमालपुर की ओर जा रहे हैं। रात को दुश्मन का वायरलेस सन्देश सुना जाता है कि सेनाध्यक्ष नियाज़ी ने ढाका से जमालपुर के कमाण्डर सुलतान अहमद को हुक्म दिया है कि न केवल जमालपुर नहीं छोड़ें, वरन् कमालपुर, बख़्शीगंज, शेरपुर और दूसरी जगहों से लौटी फौज को इकट्ठा कर, हो सके तो ब्रह्मपुत्र के इस पार ही, भारतीय सेना पर हमला करके उसे घेर लें। किसी हालत में उन्हें ब्रह्मपुत्र के तट तक नहीं पहुँचने दें। हमारे कमाण्डर ने अपनी वायुसेना से मदद माँगी है कि हमारे बमवर्षक दिन में 4 सार्टीज लेकर जमालपुर में उनके फौजी हेडक्वार्टर, उनके शस्त्रागार और छावनी को बमबार्ड करें। सार्टीज शुरू हो गयी हैं। हमारे बमवर्षक विमान उड़ते हुए उस पार जमालपुर पर चक्कर लगा रहे हैं। उधर से तोपें चलने लगी हैं। आसमान सहसा सजीव हो उठा है। हमारे विमान सहसा चील की तरह झपट्टा मारते हैं और दो भयानक धमाके सुनाई पड़ते हैं। दूर तक, गाँव, खेत, सड़क किनारे के पेड़ मानो काँप उठते हैं। आधे मिनट बाद दो धमाके और। और फिर हमारे विमान घूमकर जिधर से आये हैं, उधर ही तेजी से लौट जाते हैं। पाँच मिनट बाद उधर से पाकिस्तानी तोपों की गरज सुनाई पड़ती है। हम जीप से उतरते हैं, पर सड़क पर लौटते भारतीय सैनिक हमें बताते हैं कि अभी हम आगे जा सकते हैं। ये तोपें हमारी ओर नहीं, भारतीय सेना की उस टुकड़ी की ओर चल रही हैं, जो रातोरात बख़्शीगंज के पास से चुपचाप नदी पार कर जमालपुर के बायें बाज़ू में जाकर मोर्चेबन्दी कर रही हैं। "अच्छा, तो हमारे जवान उन्हें घेर रहे हैं?" "हाँ, जनरल का हुक्म है कि उनके भागने और ढाका पहुँचने के रास्ते बन्द कर दो। वे भागे तो ढाका की सड़क ध्वस्त करते हुए जायेंगे।" जमालपुर की विशाल सेना के बाज़ू में जाकर हमारी इतनी छोटी टुकड़ी किस भयानक खतरे में होगी, हम कल्पना करके सिहर उठते हैं। भारतीय सैनिक किस फौलाद का बना होता है!

जनरल का हेलीकॉप्टर इधर आकर उतरा है। जनरल नागरा हैं। ब्रिगेडियर क्लेर हैं, जो हमें पहले मिले थे; इंजीनियरिंग यूनिट के बिग्रेडियर एन.एल. बेरी हैं। क्लेर के अंगरक्षक बलबीर सिंह हैं, नागरा के अंगरक्षक मेजर बामी हैं। और दो-एक और नये चेहरे। हमें पहले पहुँचा देखकर जनरल नागरा खुश हैं : "शाबाश!" बायीं ओर के केले और आम के कुंजों में हमारा तोपखाना है। उनका अफ़सर और इनफैंट्री के लोग जनरल के पास आकर सैल्यूट देते हैं। जनरल उनके कन्धों पर हाथ रखकर पूछते हैं कि कोई तकलीफ़ तो नहीं! एक सैनिक मुँह बनाकर कहता है, "जबर्दस्त दुश्मन से पाला पड़ा है साहब! हम पीछा करते-करते थक गये, वो कम्बख्त भागते-भागते नहीं थके।"

"कहाँ तक भागेंगे?" क्लेर ने कहा, "पाकिस्तान बहुत दूर है।"

ट्रांजिस्टर और टूटी चूड़ियाँ

अब यहाँ से हमें पैदल जाना है, दो मील दूर, ब्रह्मपुत्र पर। चूँकि अब हम तोपखाने और मशीनगनों की मार के अन्दर हैं, अतः जनरल का हुक्म है कि सड़क पर हम बिखरकर चलें, झुण्ड बनाकर नहीं। सड़क के इधर-उधर जरा भी न जायें, क्योंकि माइनें बिछी हैं। जनरल के साथ-साथ एक वारयलेस ऑपरेटर चल रहा है, जो वायरलेस से बराबर बातें करता जा रहा है। सड़क के दोनों ओर हाथ में माइन का पता लगाने वाली घड़ी लेकर दो सैनिक चल रहे हैं, जरा आगे-आगे। यद्यपि खतरा है, लेकिन कई फर्लांग तक कुछ नहीं होता।

और अब ब्रह्मपुत्र दीखने लगी है। उस पार किनारे-किनारे मीलों तक बसा है जमालपुर। उत्तर में ढाका की रक्षापंक्ति की प्रथम दुर्भेद्य सैन्य-छावनी। मैं बलबीर सिंह से दूरबीन माँगकर देखता हूँ। क्लेर मना करते हैं, यहाँ से नहीं, उधर बंकर खाई में बैठकर देखना ठीक होगा। अब बालू है और कुछ कँटीली झाड़ियाँ। बालू में उन्होंने एक बहुत बड़ी छावनी बनाई थी। तीन ओर गहरी खाई और हर कोने पर तथा बीच-बीच में बंकर। इन बंकरों में बेहद हथियार मिले हैं। एक बंकर में एक ट्रांजिस्टर और एक में टूटी चूड़ियाँ और कुछ जनाने कपड़े। मशीनगन की गोलियों की खाली पेटियाँ तो तमाम बिखरी हुई अब भी पड़ी हैं। रात तक पाकिस्तानी यहाँ जमे थे। आधी रात भागे हैं। मुझे सिहरन होती है। जहाँ हम खाइयों में खड़े हैं, दस घण्टे पहले तक यहाँ दुश्मन अपने हथियारों के साथ जमा था।

मेजर बामी के हाथ में प्लास्टिक कवर में लिपटे जो बहुत बड़े नक्शे थे, वे ज़मीन पर फैला दिये गये हैं और खाई में खड़े होकर जनरल, क्लेर, बेरी और दूसरे ऑफ़िसर उन्हें देखकर आगे की रणनीति तय कर रहे हैं, बीच-बीच में वारयलेस पर सन्देश आ-जा रहे हैं। एक कोई सन्देश आता है और क्लेर रिसीवर का मुँह जनरल के कान के पास कर देते हैं। जनरल के चेहरे पर खुशी की लहर दौड़ जाती है। जनरल उसके बाद दूरबीन लेकर बंकरों और रेत के ढूहों पर से जमालपुर के एक हिस्से का जायज़ा ले रहे हैं। मेजर बामी ने खुद वायरलेस ले लिया है। उधर से कुछ सूचना आती है। मेजर बामी पहले क्लेर को बुलाकर बताते हैं, फिर जनरल को बुलाया जाता है। जनरल आकर पहले सलाह करते हैं, फिर सन्देश भेजते हैं : "लिसन, देखा गया है कि एक ट्रेन तैयार खड़ी है। उनकी आर्मी उस पर कुछ लोडिंग कर रही है। अगर यह सच है तो ट्रेन को रोको। उनके जाने के सब रास्ते बन्द कर दो। नहीं, सड़क तोड़ो नहीं, पेड़ काटकर सड़क पर डाल दो।" फिर जनरल ध्यान से सुनते हैं : "बहुत खुश हैं हमारे लोग, यह जानकर कि हम यहाँ ब्रह्मपुत्र के किनारे पहुँच गये हैं। हिम्मती बच्चे हैं।"

उस तरफ जमालपुर में बेहद ख़ामोशी है। आदमी तो आदमी सड़क पर, किनारे घाट पर, एक चिड़िया नज़र नहीं आती। उनकी तोपों का कहीं पता नहीं। हमारी तोपें भी ख़ामोश हैं। "हमारे बमवर्षकों ने उनकी सिट्टी-पिट्टी भुला दी है," कोई कहता है। "चलिए, अब उस बायें वाली जगह से किनारे चलकर देखेंगे। वहाँ से जमालपुर का घाट सबसे नज़दीक है," जनरल कहते हैं। यहाँ पर तो नदी ने मोड़ लिया है और कगार नीचे हैं। नदी पतली है, पर रेत का फैलाव बहुत है—इधर भी, उधर भी। वहाँ पर दोनों किनारे बहुत नज़दीक आ गये हैं।

जनरल वहाँ जाकर उसे खुद देखना चाहते हैं। हवाई जहाज़ों की आवाज़ फिर सुनाई पड़ती है। अब फि़र दूसरी सीटी। बिल्कुल हमारे ऊपर से हमारे बमवर्षक जाते हैं। फिर दो और दो-चार ख़ौफ़नाक धमाके और फिर ख़ामोशी। जमालपुर में एक जगह से जोर का धुआँ उठ रहा है। पाकिस्तानी तोपें बिल्कुल ख़ामोश हैं।

बंकर से निकलकर हम फिर सड़क पर आते हैं, लेकिन सड़क पर नहीं चलते। मुक्तिवाहिनी के लिए लियाजां ऑफ़िसर अबू यूसुफ़ हमें सड़क के पार खेतों में उतारकर झुरमुटों में से ले चलते हैं, छिपते हुए। हम रुक-रुककर देखते हैं दूरबीन से, जमालपुर सुनसान है। खेतों के पार एक गाँव है, घनी हरियाली वाला। हम गाँव में पहुँचकर क्षण भर को रुकते हैं। यूसुफ़ गाँववालों से कुछ

बातें करते हैं। उनके माथे पर चिन्ता है। उनको खबर मिली है कि कोई रजाकार हमारी गतिविधियों की खबर जमालपुर को भेज रहा है। लेकिन खबर दो घण्टे पहले की है। वे कुछ करने की स्थिति में होते तो अभी तक कर चुकते। हम गाँव से निकलते हैं। अब गाँव और ब्रह्मपुत्र के बीच में आधे मील का खुला फैलाव है। कुछ दूर तक खेत और उसके बाद रेत। खेत में कहीं-कहीं तिल के पीले फूल खिले हैं, कहीं-कहीं बैंगन की छोटी-छोटी पौध, जिसमें इक्के-दुक्के नीले फूल। आदेश है कि हम एक-दूसरे से काफ़ी दूर-दूर पर तितर-बितर होकर चलें, यथासम्भव पीले फूलों वाले खेत में न चलें, क्योंकि रंग की पृष्ठभूमि में से दुश्मन हमें आसानी से देख लेगा। अब खेत पार हो गये हैं। रेत काफ़ी महीन व सूखी हुई है। पाँव रखने से उड़ती है। इधर का कगार बहुत ऊँचा है, नदी सिर्फ़ 500 गज़ चौड़ी है, उधर जमालपुर का कगार नीचा है। घाट तक सड़क आती है। जमालपुर में घाट किनारे एक पंक्चर हुई सिवियिलन बस खड़ी है। इधर हमारी ओर एक स्थान पर एक पक्की कंक्रीट की जेटी है, नीचे से बालू खिसक गयी है। और बाहर निकली जेटी का एक भाग टूट गया है, पर छड़ों के सहारे लटक रहा है। सामने ब्रह्मपुत्र के पानी में बाँस गाड़कर मछली के जाल सुखाने के खड़े मचान बने हैं। इसी जेटी के पास बाँस के मचान के पीछे खड़े होकर जनरल और उनके सहयोगी मौका-मुआयना कर रहे हैं। वह है.जमालपुर की पानी की टंकी, यह है रेडियो टावर, यह है चार मंजिली एक ऊँची लाल सिविलियन इमारत, वह है कॉलेज का पिछवाड़ा। बलबीर सिंह की दूरबीन हाथ से हाथ में घूम रही है। "वह देखिए, एक जीप आयी है घाट पर, लेकिन नहीं, बैक करके बस के पीछे चली गयी।" कोई बताता है फिर सब सुनसान। एक मिनट की अजीब चुप्पी, चुप्पी तोड़ते हैं ब्रिगेडियर क्लेर। जनरल के कन्धों पर हाथ रखकर कहते हैं—"अब वापस चलना चाहिए, काम तो हो गया।"

'हिलो मत, चिथड़े उड़ जायेंगे!'

और हमारा मुड़ना था कि "शू... शू... शू...शिक!" कोई चीज हमारे बीच से गुजरती है और पास की रेत में धँस जाती है। रेत का गुबार उठता है। पलक मारते ब्रिगेडियर क्लेर लेट जाते हैं और अपने साथ जनरल को खींच लेते हैं—"लाइ डाउन! दुश्मन फायर कर रहा है।" और वाक्य पूरा नहीं होता। हम लेट भी नहीं पाते कि "शू... शिक।" और फिर तो बौछार। मेरी आँखों के आगे एक क्षण के लिए घुप

अँधेरा-सा और फिर लाल-लाल उड़ते चकत्ते-से। शायद भय, शायद...! साथ के दो विदेशी फोटोग्राफर कंक्रीट स्लैब के नीचे हैं, उसके बाद बाहर जनरल नागरा और सबसे इधर खुले में मैं। वे चीजें ठीक हमारे ऊपर से गुजर रही हैं और बस 5 गज़, 6 गज़ की दूरी पर गिर रही हैं। दिल की धड़कन रुकने-सी लगी है। क्लेर कुछ कहते हैं पर हमारे कान जैसे सिर्फ़ 'शू... शू... शिक!' सुन रहे हैं। और मुझे जरा-सी चेतना आती है। कहाँ हैं बालकृष्ण, ब्रिगेडियर बेरी, कैप्टन भटनागर? मैं गरदन घुमाता हूँ, जनरल कड़कती आवाज़ में कहते हैं—''हिलो मत, चिथड़े उड़ जायेंगे, वे रिकॉयललेस गन चला रहे हैं।" (रिकॉयललेस गन टैंक उड़ाने के काम आती है।) मेरे होंठ सूख गये हैं, गला चिपक गया है, लेकिन जहाँ तक मुझे याद है, रिकॉयललेस गन सुनकर मैं हँसने की कोशिश करता हुआ कहता हूँ—''वे हमें टैंक समझ रहे हैं क्या?'' आवाज़ शायद काँप रही है। फिर भी बोलने से एक बात होती है। जो संज्ञाएँ एकदम शून्य पड़ गयी थीं, वे जागने लगती हैं। मैं देखता हूँ, ब्रह्मपुत्र का शान्त जल, चमकती धूप। और हर 10 सेकण्ड के बाद अपने बिल्कुल नज़दीक उनके निशाने। एक मुक्तिवाहिनी का आदमी सहसा पीछे से उठकर काँपती छिपकली-सा कगार पर आता है, उसके हाथ कहीं जा रहे हैं, पैर कहीं। गुड़ी-मुड़ी होकर बालू पर भागता है, फिर फिसलता हुआ नदी में गिरता है और 'गुड गुड गुडम' एक गोला बिल्कुल उसके पास पानी में गिरता है। वह फिर उठकर भागता है और जाने कहाँ चला जाता है। "अब उन्होंने मोर्टार भी चलाने शुरू कर दिये।" क्लेर कहते हैं। जनरल नागरा और ब्रिगेडियर क्लेर बिल्कुल शान्त हैं और वे 'फायरिंग की क्या टेक्नीक दुश्मन इस्तेमाल कर रहा है', इसकी बात हँस-हँसकर कर रहे हैं। कैसा विचित्र आत्मबल है हमारे योद्धाओं का! मोर्टार के गोले मेरे बिल्कुल नीचे पानी में गिरते हैं। छींटों से मैं भीग जाता हूँ। फ्रेंच कैमरामैन मार्क रिबू कंक्रीट स्लैब के नीचे से मेरा नाम लेकर चिल्लाकर कुछ कहता है। मुझे मोर्टार के विस्फोट में कुछ सुनाई नहीं पड़ता। कोई हाथ बढ़ाकर मेरे गले में पड़ा रंगीन झोला खींचकर अन्दर फेंक देता है। क्लेर इशारा कर रहे हैं कि ज़मीन से चिपककर लेट जाओ। जनरल अपना हैट उतारकर अन्दर फेंक देते हैं और फिर जाने कौन-कौन लेटा-लेटा मेरे ऊपर बालू फेंक रहा है। नाक, कान, होंठ, गरदन सब रेत से भर जाते हैं। बाद में मालूम हुआ कि जनरल और उनके दायें मैं बिल्कुल खुले में थे और जनरल के हैट की लाल पट्टी और मेरी पीली कमीज़ और नीला झोला धूप में ख़ूब चमक रहा था और वे लोग ठीक

उसी पर निशाना साध रहे थे। यही राज़ था कि गोले ठीक मेरे सामने और दायें 5-6 गज़ की दूरी पर गिर रहे थे। बालू फेंककर मेरी कमीज़ ढाँकी जा रही थी।

हमारे बिल्कुल पीछे से गन का एक राउण्ड छूटता है। पहला ख़याल यही होता है कि दुश्मन पीछे भी आ गया है, लेकिन ब्रिगेडियर बेरी कुछ चिल्लाकर कहते हैं, जिससे मालूम होता है—बलबीर सिंह जान का खतरा लेकर घुटनों के बल खेत की मेंड़ पर बैठकर गन चला रहे हैं। शायद बलबीर सिंह की गन का इशारा था कि इधर से हमारे तोपखाने ने फायर शुरू कर दिया। आधे मिनट के बाद शायद हमारे तोपखाने की वजह से उन्होंने अपने मोर्टार और रिकॉयललेस की पोजीशन बदली होगी, क्योंकि आधे मिनट के लिए फायरिंग बन्द हुई! "लोटिये और छितराकर। फायरिंग हो, तो लेटिये फिर बढ़िये।" हम उठकर भागते हैं और फिर फायरिंग जारी। लेटना, फिर भागना, फिर लेटना, फिर भागना। भागते-भागते मैं देखता हूँ कि बालकृष्ण (हमारे फोटोग्राफ़र) आगे हैं, बायीं ओर, पीछे मैं हूँ और सबसे पीछे ब्रिगेडियर बेरी। बाद में मालूम हुआ कि गोले की चोट से उड़ा एक कंक्रीट का टुकड़ा उनके पैर में लग गया है।

साँस चढ़ गयी थी। मुँह पर ख़ून झलकने लगा था। आँखों से धुँधला दिख रहा था। कुछ तो ख़ून का दबाव और कुछ पलकों में भरी रेत, थोड़ी देर में यह भी होश नहीं रहा कि फायरिंग कब आयी, किस ओर आयी, बस अन्धाधुन्ध गिरते-पड़ते, लेटते-उठते भागना और वह भी रेत में, ऊँचे-नीचे खेतों में—गाँव अभी कितनी दूर है? देखने में वह रहा, पहुँचने में हर खेत पार करने में चार-चार फायरिंग!

गाँव पहुँचे तो साँस धौंकनी की तरह चल रही और लगता अब गिरे, अब गिरे। उनकी गोलाबारी जारी थी। वे कहीं से हमारी एक-एक गतिविधि देख रहे थे। क्योंकि अब गोले गाँव पर गिर रहे थे। लेकिन थोड़ी-सी आड़ चाहे वह केले के गाछों की हो या फूस के छप्परों की, कितनी मनोवैज्ञानिक सुरक्षा देती है। गाँव का दृश्य विचित्र था। गोलाबारी के बावजूद गाँववाले सब वहीं हैं। दो आदमी जल्दी से बाल्टी में पानी भरकर ले आये हैं और पाँच-छह लोग तीन खाट लिये चादरें डालकर खड़े हैं। मालूम हुआ कि औरतें और बूढ़े आसन बिछाकर अंजलि फैलाकर खुदा से दुआ कर रहे हैं कि हम बच जायें और जवान खाट लेकर आये हैं कि हम घायल हो जायें, तो शेरपुर पहुँचा दें। अब हमें पहली बार होश आता है कि देख लें कि सब लौट आये हैं या नहीं! सब एक-दूसरे को

गिनते हैं। उन्होंने गोलाबारी गाँव पर और तेज कर दी है। हम जल्दी-जल्दी मुँह धोते हैं। पानी से सिर्फ़ गला तर करते हैं, पानी पीना नहीं है, नहीं तो तेज नहीं चल सकेंगे। अभी डेढ़-दो मील खेतों में से होकर अपनी चौकी तक पहुँचना है।

मृत्यु-यात्रा का दूसरा चरण

और 'मृत्यु-यात्रा' का दूसरा चरण शुरू होता है। हम खेतों में दूर-दूर छितराकर चल रहे हैं। उन्होंने भी मोर्टार और रिकॉयललेस की जगह मीडियम मशीनगन चलाना शुरू कर दिया है। पर अब हम लेटते नहीं, बस सावधानी से बढ़ रहे हैं। जब अपनी जीपों के पास अपनी तोपखाने की यूनिट के किनारे पहुँचे, तब पैर मन-मन भारी हो चुके थे और जाँघें इस कदर भर गयी थीं कि हर क़दम उठाने में कराहने की तबीयत होती थी।

अब हम अपनी चौकी पर हैं। हमें अपने बीच पाकर उनके चेहरे पर सुकून है। ऐसी खतरनाक स्थिति। वहाँ कोई आड़ नहीं, साफ मैदान में एक-एक को चुन सकते थे। ब्रिगेडियर बेरी अब अपना पैर देखते हैं, ज्यादा नहीं, गहरी खरोंच आयी है। सब अपनी-अपनी स्थिति बताते हैं। बालकृष्ण की एक फ़िल्म ख़त्म हो गयी थी। वे कैमरा खोलकर रोल बदल रहे थे कि फायरिंग शुरू।

खुलना के निकट हथियारों का वह दूसरा ढेर, जो पाकिस्तानी छोड़ भागे।

उनका चश्मा भी वहीं छूट गया। मेरी चमकदार रंगीन कमीज़ की चुम्बकीय शक्ति पर टिप्पणी हो रही है। ब्रिगेडियर बेरी और ब्रिगेडियर क्लेर जीवन में सिर्फ़ एक बार और ऐसी ही स्थिति में फँसे थे, हाजीपीर पर। उसी की स्मृति में वे पैराशूट के कपड़े का स्कार्फ आज तक बाँधते हैं। आज दूसरी बार ऐसा हुआ है। सुझाव है कि हम जो लोग आज साथ थे, उनकी तस्वीर एक साथ ली जाये और उसे हर व्यक्ति अपने पस रखे।

"कुछ भी कहिए, उनकी मार्क्समैनशिप (निशानेबाज़ी) अच्छी थी। मुझ पर इतना सच्चा निशाना था कि पाँच गज़ पर गोला गिर रहा था।" मैं कहता हूँ।

"जी, सही फरमाते हैं।" हेलीकॉप्टर के फ्लाइंग ऑफ़िसर संजीव वर्मा अपनी बड़ी-बड़ी मूँछें दबाकर बोले—"इतनी जबर्दस्त निशानेबाज़ी है उनकी कि अगर वे जरा चूक जाते, तो इस वक़्त ग्रुप में सब होते, सिर्फ़ डॉक्टर भारती नहीं!" और सब ठठाकर हँस पड़ते हैं। और फिर तो पता नहीं, तनाव दूर हो जाता है या इतना अधिक है कि उसको दबाने के लिए ठहाके लगने शुरू हो जाते हैं। इस घटना की स्ट्रैटेजी, टेक्नीक को लेकर हल्के-फुल्के ढंग से बातें होने लगती हैं। फौज की ज़िन्दगी भी क्या विचित्र है! ज़िन्दगी और मौत के खेल का वे दिल खोलकर विश्लेषण कर रहे हैं और दिल खोलकर ठहाके लगा रहे हैं।

ब्रिगेडियर बेरी ने बिना दूरबीन के देखा था कि जीप आयी थी और बैक होकर बस के पीछे चली गयी थी। उसी पर वे रिकॉयललेस गन लादकर लाये थे। बस की आड़ से चला रहे थे। रिकॉयललेस गन और मोर्टार में एक फ़र्क़ होता है। मोर्टार का गोला जहाँ गिरता है, वहाँ से उछलकर स्प्लिंटर चारों ओर दस गज़ के दायरे में गिरते हैं। अतः आप पर ही न गिरे गोला, दो-एक गज़ दूर गिरे, तो आप बच सकते हैं। वह गोला आसमान में एक बिन्दु तक जाकर सीधे नीचे गिरता है। पर रिकॉयललेस की मार सबसे घातक होती है। ज़मीन से बिल्कुल ऊपर तिरछी आती है और अगर आप जरा भी हिले, 6 इंच ऊपर भी तो चिथड़े उड़ जायें। टैंक की फौलाद को भी भेद देती है। और कहीं वहाँ बालू न होकर कंकड़-पत्थर होते, तब तो हमको कोई नहीं बचा सकता था। हर गोले के बाद जो स्प्लिंटर उड़ते, वे सबको ले डालते—चाहे हम लेटते, चाहे छिपते। हमें क्या मालूम था कि ब्रह्मपुत्र का जल हजारों वर्षों से हिमालय के पत्थर पीस-पीसकर जो बालू बनाता रहा है, वह इसीलिए कि इन घातक गोलों को सोख ले। बालू की वजह से हम बचे हैं, यह जानकर ही उन्होंने गाँव के बाद हम पर मीडियम

मशीनगन चलाना शुरू किया था, क्योंकि यदि वह निशाने पर बैठ जाये तो फिर बचना मुश्किल था और हम असैनिक अज्ञानियों को देखिये कि उसी की फायरिंग के समय लेटने का कष्ट नहीं उठाया।

ठहाके और ठहाके!

"आप लोगों ने देखा? डॉ. भारती तो एम.एम.जी. फायरिंग में जनवासे की चाल चल रहे थे, उनकी मार्क्समैनशिप के बारे में बड़ी ऊँची राय है हुज़ूर की! निशाख़ातिर थे कि लगेगा तो है ही नहीं।" वर्मा की भूरी मूँछों का शरारत भरा ठहाका फिर लगा। चाय, बिस्कुट और ठहाके। "पाकिस्तानी बिस्कुट हैं, यह भी आपको बहुत अच्छे लग रहे होंगे।" वर्मा बताते हैं, यह पैकेट भी बंकर में मिला था। ठहाके और ठहाके।

जनरल नागरा नक्शे देख रहे थे। सर उठाकर बोले—"भाई, कल-परसों तक जमालपुर पर क़ब्ज़ा कर लेंगे, फिर तुम लोग खुद ही उनको बधाई देना, जिन लोगों ने फायर किया था।"

"बधाई क्या सर? इनको कहिए, ये अपनी नक्शेबाजीवाली कमीज़ ही उतारकर दे दें।" वर्मा ने फिर फ़िकरा कसा।

और 'बंगशक्ति' किनारे लगा दी गयी, जिस पर हमें सवार होना था।

जनरल नागरा, ब्रिगेडियर बेरी, मेजर बामी, वर्मा सब चले गये हैं। हेलीकॉप्टर वापस ले जाना है। उनके गोले यहाँ हमारी जीप तक ही नहीं, हेलीकॉप्टर के पास तक गिरे हैं। हमारी जीप आड़ में खड़ी कर दी गयी है। दूर पर गाँववालों के दो झोंपड़े हैं, जहाँ तख़्त और ढेर-सा पुआल पड़ा है। सिर्फ़ ब्रिगेडियर क्लेर रह गये हैं और हम लोग। खाना बन रहा है, खाकर शेरपुर जायेंगे। क्लेर अपने ज़ख़्मी पैर के कारण थक गये हैं और तख़्त पर लेट गये हैं। मेरे भी पाँव जवाब दे गये हैं। मैं पुआल पर आँख मूँदकर लेट जाता हूँ। जाड़े की धूप भली लग रही है। झोंपड़े से एक किसान धान ओसाकर अन्दर रख रहा है। शान्त, निश्चिन्त। उस पर गोलाबारी-युद्ध का कोई असर नहीं। बताता है कि 'पाकोस तो चला गया, अब तो इण्डिया का आर्मी है, उसे क्या चिन्ता!' हमारी एक तोप के पेंच खोलकर उसे आगे ले जाना है। गाँववाले मदद को तैयार हैं। "बख़्शीश! तौबा-तौबा, आप इससे हमारे दुश्मन को मारेंगे। इससे बड़ा बख़्शीश क्या होगा!" खेतों पर जाड़े की धूप है, धान की पकी फसल का सोनल फैलाव, पोखर के पास एक धीमे-धीमे चलता बगुला। और अभी-अभी यहीं मौत नाच रही थी। अब कितनी शान्ति है! युद्ध भी धूप-छाँह का कैसा विचित्र खेल है।

आठ बरस का जासूस

वापस शेरपुर पहुँचे तो उनकी फायरिंग और हमारी आर्टिलरी की जवाबी शेलिंग की चर्चा थी। सब हाल पूछने आ रहे हैं। बधाई दे रहे हैं। मुक्तिवाहिनी के बहादुर कप्तान हलाल पन्ना और ए.एस. भुइयाँ मैदान में खींच ले जाते हैं, "आप बहादुर संवादिक हैं, एक फोटो आपके साथ हमारा जरूर होगा।" हम ज़मीन पर उनके साथ बैठ जाते हैं और तेल की दाल-मोठ काग़ज़ में आती है। हम सब खाते जा रहे हैं और हलाल पन्ना अपनी यूनिट पर फायरिंग के किस्से सुना रहे हैं—कमालपुर से आधा मील दूर धनुआ कैम्प में कैसे 100 मुक्तिसैनिक छिपकर पोजीशन में थे। किसी रजाकार ने खबर दी। उन्होंने आक्रमण कर दिया। हमारे पास एक छोटी मशीनगन, एक 2 इंची मोर्टार और 303 राइफल और एसलर थे। उनके पास 6.3 ऑटोमैटिक, एल.एम.जी., बी.एम.जी. और कितने स्टेनगन ढाई घण्टे फायरिंग चली। हमारा एम्यूनिशन ख़त्म। फिर हैंड ग्रेनेड मारा। हमारे दो आदमी मरे, उनके 22। हमने 8 एल.एम.जी, और 2 आयी.एन. ऑटोमैटिक भी छीन लिये। उनका कैप्टन अय्यूब भी मारा गया। फिर छोटे लड़के आलम

की कहानी। आठ बरस का वह बच्चा, सर पर केला रखकर छावनी में घुस गया। वे बोले, पहले एक केला इसे खिलाओ, इसमें ज़हर तो नहीं है। वह केला खाया, सिपाही लोग को खिलाया। आधा घण्टे में उनका सब भेद लिया और रात को दो बजे अटैक बोल दिया। हकला-हकलाकर बोलने वाले हलाल पन्ना की मशीनगन बहुत फर्राटे से बोलती है, यह इस क्षेत्र की पूरी पाकिस्तानी सेना को मालूम है।

हम बेहद थकान महससू कर रहे हैं। आराम कहाँ करें? हमारा सामान बिस्तर तो सब बख़्शीगंज में है। लेकिन मेजर राजपाल बताते हैं कि आपका सब सामान आर्मी के साथ शेरपुर आ गया है। बख़्शीगंज में तो अब तक पीछे वाली यूनिट आ चुकी होगी। सामान हमारा सामने के गोविन्दचन्द्र इंस्टीट्यूट के बायें बाजू के एक कमरे में लगा दिया गया है। गजब है, उनका इन्तज़ाम कि जहाँ हजारों सैनिकों, सैकड़ों सप्लाई के ट्रकों, टनों हथियारों के ठीक समय पर ठीक जगह पहुँचाने का इन्तज़ाम है, वहीं हमारा छोटे-से-छोटा सामान भी हमारे बिना पहुँच जाता है।

हमारे बगल में मेजर वधवा (इंजीनियरिंग यूनिट) और उसके बगल में कैप्टन त्रिपाठी (मेडिकल यूनिट) ठहरे हैं। तख़्त लग गये हैं और दो तख़्त कम थे, तो मेडिकल यूनिट से दो स्ट्रेचर आ गये हैं। अब बिस्तर का क्या हो? कल रात तो मेजर पोंग्शे ने कम्बल दे दिये थे। कोई बात नहीं। आज मेजर वधवा की यूनिट ने कम्बल भेज दिये हैं। दो बाल्टी पानी, एक मग और एक लालटेन भी आ गयी है। शान है हमारी भी!

लेकिन पीठ टिका पाने के पहले ही शेरपुर के सम्भ्रान्त नागरिकों का एक दल आया है हमसे मिलने, स्वागत करने। हम फिर बैठ जाते हैं। लालटेन की धुँआती रोशनी में बातें हो रही हैं। वे बताते हैं कि 'इण्डियन आर्मी की विजय के वास्ते आज हमने मस्जिद में अल्लाह से दुआ माँगी।' इतनी कृतज्ञता, इनके प्यार का कोई हिसाब नहीं!

रात को सोये तो लगा, माथे पर ब्रह्मपुत्र का शीतल जलप्रवाह शान्ति दे गया है। गालिब याद आते हैं—"मौत का एक दिन मुअय्यन है," उस निश्चित दिन के पहले कुछ नहीं होता। होगा भी तो इसी तरह मौत शायद नींद की एक गहरी नदी होगी—गहरी लेकिन शान्त अस्तित्व के हिमालयों की दुर्गम घाटी से बहती हुई। मैं शान्त बहती नदी में धीरे-धीरे घुल जाता हूँ। नींद में निश्चिन्त,

सब शान्त है, सिर्फ़ बाहर के पोखर में कभी-कभी मछलियों के उछलने की 'छप-छपाक' आवाज़ आती है।

'दाम कौन माँग रहा है?'

दिसम्बर की धूपधुली सुबह, पोखर में काँपती हुई। उधर के किनारे पर हमारे सैनिकों की आती हुई, जाती हुई कतारों की खाकी परछाइयाँ। सीढ़ियों पर सुबह-सुबह नहाते, दातौन करते, साबुन मलते फौजी गठे हुए बदन, इधर के किनारे की घास पर उनके कपड़े निचोड़कर सूखने के लिए फैलाये हुए, कैसा जीवन्त लग रहा है यह प्रांगण! कुछ सैनिक तैयार होकर कतार बाँध रहे हैं, कुछ अभी बरामदों में कपड़े बदल रहे हैं, कुछ ज़मीन पर बैठकर शेव कर रहे हैं। रातोरात सैनिक टेलीफोनों के तार घास पर बिछा दिये गये हैं, पिछवाड़े की ओर एक तरफ ईंटों का जंगी चूल्हा बनाकर चाय के देगचे चढ़ा दिये गये हैं, एक ओर मोटर मरम्मत का गैराज बना दिया गया है, जहाँ गाड़ियों के बोनेट खोलकर मरम्मत हो रही है या टायरों के पंक्चर ठीक किये जा रहे हैं। उधर बड़े-बड़े पीपों में भरकर पेट्रोल लादकर लाया गया है और गाड़ियाँ टोकन दिखाकर पेट्रोल भरवा रही हैं। कुछ कान पर जनेऊ चढ़ाकर बोतलों में पानी भरकर पीछे के पोखरों की ओर जा रहे हैं। एक सैनिक अपने किट में से सुई-डोरा निकालकर वर्दी का टूटा बटन टाँक रहा है। एक ओर ट्रक पर गिनती करके कम्बल और बिस्तरे लादे जा रहे हैं, एक ओर पेटियाँ। गेट के पास लंगर है, जहाँ गरम चपातियाँ सिंक रही हैं और तरकारी का देगचा चढ़ा हुआ है। मेडिकल यूनिट के पास सिविलियनों की भीड़ है, क्योंकि पास गाँव से वे किसी ज़ख़्मी औरत को तख़्त पर लिटाकर, बाँस की बहँगी में लटकाकर, कम्बल से मुँह ढाँककर कई मील दूर के गाँव से आये हैं। उसे जाते हुए पाक सैनिकों की गोली लगी थी। डॉक्टर अपने कमरे में गोली निकाल रहे हैं और उसका अधेड़ पति हर भारतीय का हाथ हाथों में लेकर बंगाली में दुआयें दे रहा है। चहारदीवारी के बाहर सड़क पर बाज़ार लग गया है, क्योंकि दस-दस मील से गाँववाले टोकरियों में भरकर बैंगन, साग, मछलियाँ, चावल, अदरक, हरी सुपारी और मूलियाँ लाये हैं। यही वे गाँववाले हैं, जो दाम देने पर भी पाकिस्तानियों को रसद नहीं देते थे—चाहे गोलियों से भून दिये जायें और यही हैं, जिन्होंने भारतीय सेना के लिए रसद का ढेर लगा दिया है। किसी भी दाम ले लें, कोई मोल-भाव नहीं। और जब उन्हें बताया जाता है कि अब हमारी जरूरत पूरी हो गयी, हमें

नहीं खरीदना है तो आकर बरामदों में अपना सामान टोकरियों से उलट जाते हैं कि दाम कौन माँग रहा है, हम तो आपको देने के लिए आये हैं, बेचने के लिए नहीं। इंजीनियर यूनिट के कुछ लोग कल बाज़ार में टॉर्च, पेंसिलें और कुछ जरूरत की चीज़ें खरीदने गये थे। जब दुकानदारों ने दाम लेने से इनकार किया तो संकोच के मारे वे चीजें बिना लिये लौट आये। इधर ट्रकों की कतारें लगी हैं। कुछ फौजी, कुछ सप्लाई लेकर आने वाली सिविलियन ट्रकें, जिन पर ट्रांसपोर्ट कम्पनियों के नाम लिखे हैं और पीछे 'ओ.के.' या शेरों की चहकती लाइनें!

ईद का आनन्द

अत्याचार और हत्याओं के बारे में कुछ और तफ़सील से बताते हुए इकरामुल हक़ एडवोकेट। वे अवामी लीग के पदाधिकारी थे। पहले भाग गये थे, पर 28 मई को शेरपुर लौटे। 4 दिन डर के मारे घर में छिपे रहे। उनके भाई इमामुर्रशीद जमालपुर कॉलेज में बँग्ला के अध्यापक थे। वे राजनीति में नहीं थे, लेकिन बँगला पढ़ाते थे, इसलिए उन्हें गिरफ्तार कर लिया गया। उन्हीं के साथ जमालपुर के प्रख्यात नेता अब्दुल हमीद मुख़्तार को भी गिरफ्तार कर किया। उन्हें तो गोली मार दी। इमामुर्रशीद को बाद में छोड़ दिया, लेकिन उन्हें अमानुषिक यन्त्रणाएँ दीं। अभी तक उनका मस्तिष्क सन्तुलित नहीं हो पाया। अब वे पढ़ा भी पायेंगे या नहीं, कौन जाने? श्मशानघाट और पी.टी.एन. इंस्टीट्यूट, जमालपुर में लगभग 20 व्यक्तियों को रोज क़त्ल किया जाता था, कुछ को गोली से, कुछ को संगीनें भोंककर। चन्द्रा गाँव में उन्होंने 8 गर्भवती औरतों का बलात्कार किया और उनमें से एक बाद में मर गयी। मैं डरकर शेरपुर भाग आया, जमालपुर में अपनी प्रेक्टिस छोड़-छाड़कर। यहाँ सब कारोबार ठप था। लोग घर से नहीं निकलते थे। आज रात को बैठे आपसे बातें कर रहे हैं, परसों तक क्या दिन में भी निकल सकते थे? एक दिन मैंने देखा, यहीं 5 निरपराध लोगों को मेजर रियाज़ पकड़कर ले गया और उन्हें शूट कर दिया। बेचारे अकबर और तालिब दो लोहार थे। उनकी दुकान में ही उन्हें मार डाला। उनका जनाज़ा भी नहीं निकलने दिया। यहाँ के अवामी लीग के सेक्रेटरी समद चौधरी का घर थाने के सामने है। उसी के आँगन में गड्ढा खोदकर दोनों को दफ़ना दिया। कहा यह, अवामी लीग को हम मशरिकी पाकिस्तान की हुकूमत दे रहे हैं। समद भागकर भारत चले गये थे। अभी लौटे नहीं। कल हम सुबह 7 बजे अपनी बहन के यहाँ जा रहे थे तो देखा

30 सेना-गाड़ी में पाकिस्तानी फौज भरकर जमालपुर की ओर भाग रही है। सब अपना सर नीचे झुकाये हैं, बन्दूक बाहर निकाले हैं। दस बजे तक कोई घर से नहीं निकला कि यह भी उनकी चाल होगी। लेकिन यह खबर थी कि बख़्शीगंज में इण्डियन आर्मी आ गयी है, तो 10 बजे सब घर से निकलकर एक-दूसरे से गले मिलने लगे। बोले—"आज ईद का आनन्दा है।" दिन के 2 बजे नबीनगर की ओर से 4,000 आदमी बांग्लादेश का झण्डा लेकर 'जय बांग्ला', 'जय स्वाधीन बांग्ला' बोलते हुए आये तो हम लोग खुश हो गये। घर-घर में आनन्दा होने लगा। सब माला-फूल खरीदने दौड़े कि इण्डियन आर्मी का स्वागत करेंगे।

वे तीन रजाकार

ईद का आनन्द तो सचमुच किस तरह शेरपुर के चौराहे-चौराहे और गली-गली में, यह हम खुद देख रहे हैं। मगर इनके बीच ये कौन हैं, तीन मैले-कुचैले लोग, थर-थर काँपते हुए? उन्हें मुक्तिवाहिनी के लोग रस्सियों में बाँधकर लाये हैं और इण्डियन आर्मी के एक हवलदार के हवाले कर गये हैं। मुंसिफ़ी अदालत के अहाते में भीड़ लग गयी है और लोग गुस्से से उन्हें देख रहे हैं। हम उधर जाते हैं कि पान की दुकान के पास खड़े दो भद्र सज्जन पहले हमें दूर खड़े देखते रहते हैं। फिर हिचक दूर कर पास आते हैं और हाथ मिलाते हैं। बताते हैं कि स्थानीय पुलिस सब-इंस्पेक्टर हैं। उनके परिवार जमालपुर में हैं। वे हमसे जानना चाहते हैं कि आज शाम तक जमालपुर ले लिया जायेगा या नहीं। हम क्या बता सकते हैं? वे बहुत ग़मगीन हैं, क्षमा माँगते-से स्वर में बोले—"हम इसलिए पूछ रहे थे कि हमारे बच्चे और उनकी माँ वहीं हैं।" हम भीड़ के पास जाकर देखते हैं, रस्सियों में बँधे वे तीन रजाकार अभी-अभी पकड़कर लाये गये हैं। उनमें से दो तो हक्के-बक्के इधर-उधर देख रहे हैं। एक के हाथ-पाँव दोनों थर-थर काँप रहे हैं। वह पहले लड़खड़ाता है, फिर बैठ जाता है। हम पूछते हैं तो मालूम होता है, दो सीरपुर और एक अडंगा गाँव का है। नाम शाहजहाँ, इज़्ज़त अली और अब्दुल्ला। आसपास खड़े लोग बताते हैं कि उन्होंने बहुत उपद्रव किया था और अभी परसों रात तक जमालपुर में औरतें पहुँचाई थीं। "इज़्ज़त अली, तुम्हें अपने देश की इज़्ज़त का भी ख़याल नहीं रहा, क्यों करते थे तुम यह?" वह एक सम्भावित थप्पड़ की आशा में अपने मुँह पर दोनों हाथ रख लेता है, पर थप्पड़ न पाकर हाथ हटाकर मेरी ओर एक क्षण विचित्र निगाह से देखता है और

हाथ जोड़कर बोलता है—"भूख से मरता था, ओ बोला रजाकार बनो तो पचासी रुपया मिलेगा। रुपया दिया भी नहीं!" पास खड़े मुक्तिवाहिनी के कैप्टन अब्दुल अजीज डपटकर कहते हैं बँगला में—"साला! झूठ बोलता है। चार घर जलाकर गहना लूटा और रोज दो औरत... फी औरत पाँच रुपया लाता था।" नागरिकों का बढ़ता क्रोध देखकर हवलदार उन्हें उठाकर कहीं ओर ले जाता है, अब्दुल्ला काँपते पैरों से बार-बार लड़खड़ा रहा है।

भीड़ में से एक सफेद दाढ़ीवाले बुजुर्ग मौलाना सहसा आते हैं और हमारे हाथ चूमकर बँगला में जाने क्या-क्या कहने लगते हैं। और बार-बार हमारा हाथ माथे से लगाते हैं। हमें कोई टूटी-फूटी हिन्दी में समझाता है कि पाकिस्तानियों ने इन लोगों को जाने के पहले डराया था कि मुक्तिवाहिनी आयेगी तो सब दाढ़ीवालों की दाढ़ी मूँड़ देगी और भारतीय सेना आयेगी तो सबका मज़हब बदल देगी। कल दिन भर मौलाना घर से नहीं निकले। जब उन्होंने देखा कि आप लोग तो बिना पैसा दिये चीज़ भी नहीं लेते तो आज खुश होकर निकले हैं। पाकिस्तानियों को बेईमान बता रहे हैं और आप लोगों को फ़रिश्ता, इसीलिए हाथ माथे से लगा रहे हैं।

कैप्टन अब्दुल अज़ीज़ और आसपास खड़े मुक्तिवाहिनी के लोग ठठाकर हँस पड़ते हैं।

कैप्टन अब्दुल अज़ीज़ के पास बाये स्पोर्ट बीयर और सफेद पैंट में एक सज्जन खड़े हैं—कॉलेज के टेडीब्वॉय की तरह। परिचय हुआ तो मालूम हुआ, वे हैं इस सेक्टर के इंचार्ज। उनसे इस सेक्टर का इतिहास मालूम हुआ। इस सेक्टर का नम्बर है सेक्टर 11 और मुक्ति संघर्ष में इसका एक खास महत्त्व रहा है। 25 मार्च को मुजीब की गिरफ्तारी के बाद बांग्लादेश बेतार केन्द्र पर स्वाधीन बांग्लादेश की घोषणा हुई थी। 26 मार्च को अस्थायी सैनिक सरकार के मुखिया घोषित हुए थे, कर्नल ज़िया। वे कर्नल ज़िया 26 मार्च को यहाँ इसी सेक्टर में थे और वह घोषणा वहीं से जारी हुई थी। अब कर्नल ज़िया चटगाँव में हैं। कर्नल ज़िया के बाद मेजर अबू ताहिर ने इस सेक्टर का चार्ज सँभाला। युद्ध में वे सख़्त घायल हुए और उनके एक पाँव का ऑपरेशन करना पड़ा। 25 मार्च को हमीदुल्ला खाँ ढाका में शेख़ मुजीब के घर के पास ही थे। 26 मार्च को कर्नल ज़िया की सरकार घोषित हुई तो ढाका से अगरतला, अगरतला से कलकत्ता और फिर यहाँ पहुँचे। यहाँ आकर मानकछार के बांग्लादेश-क्षेत्र का चार्ज लिया और

अबू ताहिर के बाद इस पूरे सेक्टर का। पहले यहाँ मुक्तिफौज आर्टिलरी रेगुलर थी, फिर गणवाहिनी और नियमितवाहिनी के आधे-आधे लोग, अब गणवाहिनी 95 प्रतिशत। कुल 6,000 मुक्तिसैनिक इस क्षेत्र में हैं।

'इंदिरा-मुजीब बहन-भाई!'

26 मार्च को स्वतन्त्र बाँग्लादेश की जिस अस्थायी सरकार की खबर सारे संसार में सनसनी मचा गयी थी, उसका गठन इसी क्षेत्र में हुआ था, यह बात तो किसी को मालूम ही नहीं थी। क्या रहा होगा उस दिन यहाँ का आलम! अदम्य साहस भी, भय भी, अनश्चियग्रस्त भविष्य भी, अगम्य दृढ़ निश्चय भी...

इसीलिए इस क्षेत्र को पाकिस्तानियों ने भरपूर सज़ा भी दी है। पहले की बातें तो हम सुन ही चुके हैं। अभी केवल 14 दिन पहले उन्होंने सुरुजदी और आसपास के गाँवों में जो किया है, उसे जाकर देखें तभी यक़ीन कर पायेंगे। हमीदुल्ला हमारे साथ मुक्तिवाहिनी के दो सैनिक कर देते हैं और हमारी जीप उन गाँवों की ओर चल पड़ती है।

रास्ते में मुक्तिवाहिनी के जत्थे कतार बाँधकर झण्डे लिये शेरपुर की ओर जाते हुए मिलते हैं। हमें देखकर उनमें जोश और ममता की लहर दौड़ती है, उसका बयान करना मुश्किल है। आज उनका एक नया नारा है : "इन्दिरा-मुजीब बहन-भाई! ज़िन्दाबाद-ज़िन्दाबाद!" गाँव के लोग दौड़-दौड़कर आते हैं और हमारी जीप के पीछे-पीछे दौड़ते जा रहे हैं।

वह है नौगाँव! नौगाँव, ताराकन्दी, सुरुजदी और अण्डरिया—इन चार गाँवों में इसी 24 नवम्बर को उन्होंने 108 आदमियों की हत्या की थी। एक बूढ़ा न केवल जिसकी दाढ़ी और बाल सफेद हैं, वरन् जिसकी भौंहें और पलकें तक सफेद हैं, उसके बेटे और दो पोतों को भी उन्होंने मार दिया। बूढ़ा वहीं बैठा रहता है ज़मीन पर। न स्वागत करता है, न शिकायत, केवल शून्य आँखों से देखता रहता है, शून्य में।

झोंपड़ों के कंकाल

और अब दूसरा गाँव ताराकन्दी। मैं नहीं जानता कि ताराकन्दी का हाल किन शब्दों में लिखा जाये! ख़ूबसूरत निहायत हरे-भरे कुंजों और खेतों के आक्षितिज प्रसार के बीच एक झुलसा हुआ, काला, चिरायन्ध की गन्ध छोड़ता हुआ-सा बहुत

बड़ा धब्बा। झोंपड़ों की दीवारें, छतें सब जलकर राख हो चुकी हैं, नीचे ज़मीन और पगडण्डियों पर राख और जले फूस, कपड़े, चारपाइयों की ढेरियाँ, उन ढेरियों पर पाँव रख-रखकर हम आगे बढ़ रहे हैं। जगह-जगह पर झोंपड़ों के कंकाल खड़े हैं। जले हुए खम्भे, जले हुए बाँस। अभी तक ये गाँववाले जंगलों में भाग गये थे। कल से लौटे हैं और अपना जला-अधजला सामान खखोरकर इन जले खम्भों के सहारे नये बाँस काटकर गाड़ रहे हैं, सरकण्डों की चटाइयों पर गीली मिट्टी थोपकर फिर झोंपड़े बनाने की तैयारियाँ कर रहे हैं। उनके चेहरे पर एक विचित्र भाव है, शायद वह—जिसे केवल निराला जी शब्द दे सकते थे : "दृष्टि वह जो मार खा रोयी नहीं।" इस धुएँ, राख और नृशंस अत्याचारों की धरती पर, घने पेड़ों के बीच भी तेज धूप अजीब ढंग से बरस रही है। मैं सिर उठाकर ऊपर देखता हूँ तो दिल दहल जाता है। न केवल केले और बाँस वरन् आम, नीम, कटहल और पीपल के बड़े-बड़े विशाल पेड़ों की पत्तियाँ और शाखें झुलस चुकी हैं। झुलसे हुए महावृक्षों के मुर्दार राख-रंग पर सूरज की धूप एक अजीब प्रेत वातावरण पैदा कर रही है। हमने पिछली यात्रा में मन्दभाग के उस पार जलते गाँवों के धुएँ, इस यात्रा में सिलहट क्षेत्र के जलते गाँवों के चित्र लिये थे,

अपने कर्तव्य-पालन में चुस्त रहनेवाली हमारी मेडिकल यूनिट।

लेकिन कई मील दूर से। वैसे गाँवों के अन्दर अग्निकाण्ड के बाद क्या मंजर होता है, इसकी क्या कल्पना भी कर पाये थे?

लौटकर इन परिवारों का काम बँट गया था। बच्चे अधजला सामान खींच-खींचकर अलग रख रहे थे और बड़े अधजली लाशों को दफ़ना रहे थे। तमाम लोग हमारे चारों ओर घिर आये थे और अपनी कथाएँ बता रहे थे। साबू शेख़ बता रहा था कि उसकी बूढ़ी माँ नसीरन खेत में छिप गयी थी। उन्होंने उसे खेत में गोली गार दी। लेकिन मरी नहीं। कन्धे पर पट्टी बाँधकर घिसटती रहती है। और फिर तो सबके किस्से हैं। गाँव के मास्टर मोहम्मद जीनत अली, जिनको तीन दिन तक वे बुला-बुलाकर मारते रहे। अब्दुल जलील सरकार, जो कभी कलकत्ते रह चुके थे और अंग्रेज़ी बोल लेते थे। सुरुजदी के वसीमुद्दीन अहमद, जो यूनियन के सेक्रेटरी थे, जिनके उसी गाँव में सात भाई थे और 45 घर और आज जिनके सर पर छत भी नहीं थी। उनका गला भरा था और वे बार-बार यही कह रहे थे, "यू डू नॉट सर! इन माई हार्ट आयी एम वेरी सॉरी। पाकिस्तानी डिड दिस, बट व्हाई?" उस एक गाँव में उन्होंने 160 घर जलाये थे।

कारण बताया इंग्लिश टीचर मोहम्मद अमजद अली ने। वे अवामी लीग के टिकट पर शेरपुर म्युनिसिपैलटी के सदस्य थे। उनका कहना था कि पाकिस्तानियों को शक था कि इन गाँवों में मुक्तिवाहिनी के लोग हैं। वास्तव में अमजद अली ने पहले मार्च-अप्रैल में इन गाँवों में बाँग्लादेश का झण्डा फहराया था। फिर भागकर भारत जाना पड़ा। मई में फिर लौट आये। गिरफ्तारी पर इनाम था, अतः दलदलों में छिपे रहे। न तब, न अब तक बाँग्लादेश सरकार से कोई सम्बन्ध नहीं जुड़ पाया था।

क़ब्रों के गाँव में अग्निदाह

इतने में अब्दुल जलील सरकार सहसा बोलते हैं—"और साहब, पाकिस्तानी आर्मी इसलिए भी जुल्म किया कि हम अपना भाई को बेचा नहीं।" मालूम हुआ कि इस गाँव में एक हिन्दू परिवार था। डेढ़ कोस दूर पर इन लोगों ने उस परिवार को बचाया। अभी 15 दिन पहले! कहाँ है वह परिवार? लगभग दस-बारह लड़के दौड़कर जाते हैं और थोड़ी देर में एक व्यक्ति आकर खड़ा हो जाता है : "ये राधोराम हैं, रविदासी भाई हैं।" मालूम होता है कि राधोराम बराबर यहाँ रहे। गाँववालों ने उन्हें बहुत प्रेम से रखा। उनकी दो जवान बेटियाँ थीं। बिहारी

मुसलमान अल-बदर वालों को मालूम हुआ तो वे आये। गाँववालों ने राधोराम के पूरे परिवार को छिपा दिया। एक दिन तो घण्टों दोनों लड़कियों को एक सूखे कुएँ में छिपाये रखा। चारों गाँवों में अग्निकाण्ड हुआ, 108 लोग मारे गये पर गाँववालों ने राधोराम और उसके परिवार पर आँच नहीं आने दी। हम लोग चलने लगते हैं तो राधोराम उदास स्वर में पूछते हैं : "अब तो हम शाधीन हैं, अब हम धोती पहिरने सकेगा न?" मालूम हुआ, बिहारी रजाकर किसी को धोती पहने देखकर ही उसकी हत्या कर देते थे।

और एक और घटना सुनी सुरुजदी में। वह गाँव नयी क़ब्रों से भरा था। किनारे पर एक हिन्दू घर था, जिसमें 8 लोग थे। पाकिस्तानी सेना ने उस घर को घेर लिया। अगल-बगल के मुस्लिम पड़ोसी इस हत्याकाण्ड को रोकने आये तो उन 8 हिन्दू बंगालियों के साथ 18 बंगाली मुसलमानों को भी मार डाला। उन अठारहों की क़ब्रें वहीं बनी हैं। बताने वाला बोला—"फिर हम दो हिन्दू भाई लोग को मसान ले जाकर फूँका, हमी आग दिया सर, उनका तो कोई नाते वाला नहीं था!" और बताते-बताते रो पड़ा।

हम लौटने लगते हैं तो भागा-भागा एक और आता है। लुंगी लपेटे, नंगे बदन। "आप इतनी दूर से गाँव में आया है, बिना मुँह जुठारे कैसे जायेगा?" क़ब्रों, हत्याओं, राख की ढेरियों के इस गाँव में सत्कार स्वीकारना कैसे सम्भव है? हम मना करते हैं तो वह पाँव पकड़ लेता है। उसका नाम है मोहम्मद जोल्हासुद्दीन—"सारे गाँव में किसी के पास कुछ नहीं है। हम तो भड़भूजा है साहब, हमारा तो काम ही आग का है। हमारा बर्तन बच गया है। औरत लोग आपके वास्ते मूड़ी भूजा है।" और वह अधजली अपनी झोंपड़ी में लाकर बिठाता है। धान की ताज़ी मूड़ी (लाई) भूनकर लाया है। मुट्ठी भर-भरकर हमारे रूमालों में डालता जा रहा है। हम जैसे-तैसे खाते हैं। कुछ दाने नीचे गिरते हैं तो एक सफेद बिल्ली आकर उन्हें खाने लगती है। "बस, ये बर्तन बचा है, बदन का कपड़ा बचा है।" जोल्हासुद्दीन बताता है, "और ये बिल्ली बची है। पाकिस्तानी आया था तो झाड़ में छिप गया था। बाद में हमको ढूँढ़ता आ गया। इसका प्रेम है साहब, मानुष प्राणी है, ओ पाकिस्तानी और रजाकार तो मानुषप्राणी नहीं।"

जोल्हासुद्दीन के उस टीन के अधजले झोंपड़े को कभी भूल पाऊँगा क्या? ढिबरी, तेल की शीशी, प्याज, अदरक की कुछ गाँठें, एक बिल्ली और बस! लेकिन जोल्हासुद्दीन के पास एक दिल था, जो क्रान्तियों के मसीहा माओ,

डॉलर के कुबेर निक्सन जैसे पाखण्डियों के सारे दिल-दिमाग़ और अरब संघ और ईरान-महोत्सव और लाल किताब और सातवें बेड़े और संयुक्त राष्ट्र की समूची इमारत से बड़ा था, बहुत बड़ा!

कमरे में लौटते-लौटते दिन ढलने लगा है।

अपनी छावनी की दो यूनिट कहीं और जा चुकी हैं, अपेक्षाकृत सन्नाटा है। कहाँ गयी होंगी!

ब्रिगेडियर क्लेर भी कहीं नहीं दीख रहे हैं।

क्या कहीं तगड़ा मोर्चा जम रहा है?

कुछ पता नहीं।

दोनों ओर से शेलिंग बहुत जबर्दस्त हो रही है। तोप के धमाकों से पोखर का पानी तक काँपता प्रतीत होता है।

तीसरे पहर ऑफ़िसर्स मेस के पास जनरल नागरा अकेले खड़े दीखते हैं। कुछ विचारों में डूबे।

हम दौड़कर उनके पास जाते हैं, अभिवादन करते हैं—"जेनरल! क्या आज रात तक जमालपुर में दाखिल हो सकेंगे?"

"शायद नहीं!"

"कल?"

"देखो! कुछ नहीं कह सकते। उनके रेडियो सन्देश हमने इण्टरसेप्ट किये हैं। उन्हें सख़्त आदेश है, जमालपुर पर जमकर लड़ने का। हमने सन्देश भेजा है कि आत्मसमर्पण कर दें, व्यर्थ में दोनों ओर की जानें गँवाने से क्या फायदा? लेकिन वे राजी नहीं हैं, देखो कल तक क्या होता है?"

असमंजस, आशंका...

कल भी कुछ नहीं होता। रात को नींद उचटी-उचटी-सी, क्योंकि तोपें रह-रहकर गरज रही थीं और हमारे बमवर्षक कई बार सार्टीज कर रहे थे। उधर पूरब और पश्चिम से हमारी फौजें ढाका के बहुत नज़दीक पहुँच गयी हैं। तो क्या हमारी उत्तरी मोर्चे की सेना यहीं अटकी रह जायेगी!

गतिरोध-सा लगता है।

सुबह कुछ और टुकड़ियाँ ट्रक पर लदकर जा रही हैं। लंगर भी उठ गया है। उचाट-सी लग रही है छावनी! लेकिन मैदान में कुछ रौनक है। मुक्तिवाहिनी के

जत्थे और सिविलियन इकट्ठे हो रहे हैं। मालूम होता है कि स्वयं पूर्वी कमान के जनरल अरोड़ा 10 बजे हेलीकॉप्टर से आ रहे हैं। जनरल अरोड़ा, यहाँ इस छोटे-से शेरपुर की सभा में क्यों?

जनरल आते हैं। सौम्य, हँसमुख, विनम्र और मधुर। परिचय होने पर भी मैं कुछ कह नहीं पाता। एकटक इस योद्धा को देखता रहता हूँ, जिसकी रणनीति संसार के युद्धों के इतिहास में बेजोड़ साबित हो रही है।

सभा के तुरन्त बाद वे जनरल नागरा को लेकर विचार-विनिमय के लिए चले जाते हैं। लगता है, शीघ्र ही निर्णयात्मक कुछ होगा। यहाँ का मोर्चा निस्सन्देह पूर्वीय युद्ध की कुंजी है। जनरल अरोड़ा की सजगता भी अद्भुत है। कल रेडियो पर सुना था—कोमिल्ला में थे, जेसोर हो आये थे और आज यहाँ मौजूद हैं। शायद मोर्चा विस्फोटक बिन्दु पर है।

लेकिन शाम को भी कुछ नहीं होता। मेजर वधवा भी चले गये हैं। बगल का कमरा भी सूना हो गया है। कैप्टन (डॉ.) त्रिपाठी के कमरे में हम देर रात तक न्यूज़ सुनते हैं। आज तो तोपों की आवाज़ें भी धीमी हैं। क्या मोर्चा कहीं उलझ गया है? कल शाम से बिग्रेडियर क्लेर, बलबीर सिंह, राजपाल सब कहाँ हैं? मेजर वधवा कहाँ गये हैं? यह तो बाद में मुक्तिवाहिनी के अबू यूसुफ़ ने बताया कि यहाँ से कई मील दूर रात के अँधेरे में कई चटाई के छाजन वाली बैलगाड़ियाँ पुआल लादकर ब्रह्मपुत्र के किनारे तक चली गयीं। वहाँ से उतरकर वह पुआल कई नावों पर लादकर पार पहुँचाया गया। वास्तव में नावों में हमारे सैनिक थे। बैलगाड़ी के चलाने वाले और नावों के माँझी मुक्तिवाहिनी के बहादुर युवा सैनिक थे। लेकिन यह सब बाद में मालूम हुआ।

सुबह अलसाये-से उठे हम। शेव के लिए ब्रश फिराया था कि दौड़ते हुए कैप्टन भटनागर आये। जनरल नागरा ने बुलाया है, तुरन्त। जैसे हो, वैसे चलिए। साबुन पोंछते हैं और जैसे-तैसे तैयार होकर भागते हैं।

हेलीकॉप्टर तैयार खड़ा है। हमें उसी पर कहीं जाना है। जनरल नागरा वैसी ही गम्भीर मुद्रा में। आज तो फ्लाइंग ऑफ़िसर वर्मा भी गम्भीर है। सब अन्दर बैठ जाते हैं। दरवाज़ा बन्द कर यात्रियों की गिनती होती है। विशाल डैने घूमते हैं। हेलीकॉप्टर ऊपर उठता है। हमने पता नहीं, कितने मील आगे से ब्रह्मपुत्र पार की है। जनरल गम्भीर मुद्रा में बैठे कुछ काग़ज़ात देख रहे हैं। अब हम गाँवों, खेतों पर से उड़ रहे हैं। एक रेलवे लाइन नीचे दीखती है। क्या हम जमालपुर के बहुत पास हैं?

अब एक सड़क के नीचे। और तिल के पीले फूलों का विशाल प्रसार। हेलीकॉप्टर दो बार काँपता है और यह क्या? गोलों के फटने की आवाज़! तो क्या हेलीकॉप्टर में गोला लग गया! हम गोल शीशे के बाहर झाँकते हैं। तिल के पीले खेत भूकम्प में उठते-गिरते से लगते हैं। लेकिन हेलीकॉप्टर ठीक है। वर्मा ने हेलीकॉप्टर आसानी से उतार दिया। दरवाज़ा खुलता है। हम सब बाहर कूदते हैं और फिर धमाके!! आज बचना मुश्किल है! हम भागते हैं। हेलीकॉप्टर से कुछ दूर जाकर खेत में लेट जाते हैं, पीले फूलों के ऊपर तो मौत यहाँ बदी थी!

जाते-जाते निहत्थों की हत्या

लेकिन यह क्या? जनरल खड़े हैं। हमें देखकर उठने का इशारा कर रहे हैं! आखिर माजरा क्या है? और हम उठकर जनरल की तरफ दौड़ते जाते हैं, वे उधर खेत पार पक्की सड़क की ओर बढ़ रहे हैं। मेरे पैर में कुछ उलझता है, मैं गिरते-गिरते बचता हूँ। मुड़कर देखता हूँ, एक लहूलुहान मृत शरीर, और अब तो जिधर देखो, उधर वही दृश्य। खेत में, उधर पेड़ के नीचे, सड़क के किनारे-किनारे। सड़क पर पाकिस्तानी फौजी जीपों और ट्रकों का कारवाँ जैसे चलते-चलते अकस्मात् रुक गया हो! एक ड्राइवर चक्के पर ही लुढ़क गया है; एक शरीर ट्रक से आधा झूल रहा है। पेड़ के नीचे चार बंगालियों की लाशें पड़ी हैं। कपड़े से ढँकी। एक बूढ़ा बंगाली अपनी गठरी के पास मरा पड़ा है। "हरामज़ादों ने जाते-जाते निहत्थे बंगालियों को मार डाला।" सड़क पर खड़े बलबीर सिंह मेरा हाथ पकड़कर सहारा देते हुए बताते हैं—"आधी रात के बाद हमारी टुकड़ी पर हमला बोल दिया था। हमसे नहीं चली तो सड़क के दोनों ओर खेतों तक में सिविलियनों को मार डाला। खुद भी बहुत मारे गये—मरे और घायल 200 के क़रीब! हमारे भी आठ-दस नौजवान गये। सुबह वायरलेस से जनरल को क्लेर ने बताया था। आप लोगों को बुलाया भी था।"

"क्लेर!" जनरल आवाज़ लगाते हैं। सड़क के किनारे केले-बाँस के झुरमुट में से छड़ी पर चोट खाया पैर टिकाते हुए ब्रिगेडियर क्लेर आ रहे हैं धीरे-धीरे। जनरल आगे बढ़कर उन्हें गले लगाते हैं। माथा चूमते हैं।

लेकिन गोले फटने की आवाज़ आ रही है। जमालपुर से वे फायरिंग कर रहे हैं क्या? फिर जनरल खड़े क्यों हैं, बेधड़क? मेरा गला सूखकर चिपकता जा रहा है।

आधी रात का हमला

रह-रहकर भयानक विस्फोट हो रहे हैं, कभी-कभी एक साथ तीन-चार। हम सुन रहे हैं। लेकिन नहीं—शायद मैं गलत कह रहा हूँ। एक क्षण ऐसा आता है, जब हम सुनते नहीं, देखते नहीं, हम तो हक्के-बक्के खड़े रहते हैं। और आवाज़ें भयानक धमाके के साथ जाने कहाँ से आती हैं और दिमाग़ पर छप जाती हैं। और हम देखते नहीं, लेकिन अनेक बिम्ब विचित्र ढंग से चारों ओर हमला करते हुए आते हैं और चेतना में विचित्र ढंग से गड्ड-मड्ड होने लगते हैं। हेलीकॉप्टर के धीमे पड़ते डैनों पर दूर-दूर तक फैले तिल के पीले फूल फूले खेत झण्डे की तरह चक्कर काटने लगते हैं, धूल और रक्त में सनी पाकिस्तानी मृत सैनिकों की ज़र्द खाकी वर्दियों में लहूलुहान चेहरे ढँक जाते हैं। दोनों ओर के घने हरे कुंजों के बीच से गुजरती ख़ूबसूरत साफ पक्की सड़क पर पेड़ के नीचे मरी पड़ी बंगाली सिविलियन स्त्री की गहरी नीली साड़ी स्याही बनकर फैलती चली जाती है, उस स्याही में दानों की तरह तैरने लगती हैं वे फौजी ट्रकों, जीपों, स्टेशन वैगनों की कतारें, जिन पर चढ़कर पाकिस्तानी सेना हमला करने आयी थी और जवाबी हमले के कारण सड़क पर छोड़कर मरती-खपती भाग गयी है। उभर आता है चित्र ब्रिगेडियर क्लेर का, कुंज में से निकलकर छड़ी लिये धीरे-धीरे आना और फिर विस्फोट के धमाके सब कँपा देते हैं और सिर हेलीकॉप्टर के डैनों की तरह घूमने लग जाता है।

ब्रिगेडियर जल्दी-जल्दी बताते हैं कि तीन रात पहले वे अपनी टुकड़ियों के साथ इन गाँवों में आकर छिपकर बैठ गये थे। कई बार पाक सेना ने अलग-अलग जगहों पर अलग-अलग हमला किया, आत्मसमर्पण के लिए साफ मना किया और चुनौती दी। पाकिस्तानी कमाण्डर लेफ्टि. कर्नल राजा सुलतान महसूद इधर तो चुनौती देता रहा। लेकिन कल रात को एक बजे के आस-पास उसने अपने

सैनिकों को ट्रकों, जीपों पर लादा और भागने के लिए आखिरी हमला बोल दिया। उसकी योजना थी कि हमारी टुकड़ियों को मारता हुआ वह ढाका चला जाये। इस योजना का पता किसी को नहीं था। इस सड़क के दोनों ओर तीन कुंजों से घिरे गाँव थे, जिनमें हमारी सेना छिपकर बैठी थी। पाकिस्तानी कमाण्डर को अन्दाज़ नहीं था कि भारतीय सेना जमालपुर के इतने पास है। बलबीर सिंह और दो सैनिक रात को उठकर सड़क पर आये तो अँधेरे में पाकिस्तानियों को देखकर समझे कि हमारे ही सैनिक हैं। बात भी की उनसे। असलियत पता लगते ही भागकर पोजीशन ली और फिर गोलियाँ चलनी शुरू हो गयीं। पहली बौछार में हमारे कई सैनिक खेत रहे, लेकिन फिर हमने जवाबी हमला शुरू किया और यहीं उनका कारवाँ रोक लिया। एक बजे रात से सुबह चार बजे तक वे नयी-नयी कुमुक और टुकड़ियाँ लेकर हमला करते रहे, लेकिन हमारे बहादुर जवानों ने उनकी एक नहीं चलने दी। 200 के क़रीब हताहत हुए। कुछ को हमने पकड़ लिया। यह जो कीचड़ पुती ख़ूबसूरत-सी सफेद स्टेशन बैंगन है, उसी में कमाण्डर सुलतान महमूद था। सख़्त घायल होकर आसपास के किसी गाँव में छिप गया है। जमालपुर में अभी काफ़ी पाकिस्तानी फौज है, लेकिन वे सफेद झण्डा दिखा

'क़ायदे मिल्लत रोड' : सड़क पाकिस्तानी अवशेषों से पटी पड़ी थी।

रहे हैं। यहाँ ये धमाके हम सुन रहे हैं, और वहाँ उधर एक-डेढ़ मील आगे धुआँ उठ रहा है। पाकिस्तानी पच्चीस-तीस ट्रकों पर हथियार और गोला बारूद ला रहे थे अपने साथ। उन ट्रकों में आग लग गयी है और वे 6 घण्टों से जल रहे हैं। उनमें लदे गोले और ग्रेनेड फट रहे हैं। अपने आगे दो ट्रकों में उन्होंने अल-बदर और रजाकार भर रखे थे। उन्होंने और रजाकारों ने भागते-भागते इन बेकसूर सिविलियनों को मार डाला है।

अब इस अराजक दृश्य के असम्बद्ध टुकड़े जुड़ते हैं और तस्वीर कुछ साफ होती है। तो जमालपुर हमने ले लिया! धीरे-धीरे ले रहे हैं। उनकी कुछ टुकड़ियाँ अभी सक्रिय हैं। शेष आत्मसमर्पण कर रही हैं।

हथियारों का जलता कारवाँ

'चलो जमालपुर के अन्दर चलेंगे अब।' जनरल नागरा और ब्रिगेडियर क्लेर तय करते हैं। साधन दो ही हैं, हेलीकॉप्टर या पैदल। लेकिन नहीं, दुश्मन की एक छोड़ी हुई जीप सड़क पर तिरछी खड़ी है। ड्राइवर चाबी छोड़कर भागा है, उस जीप को क्लेर स्टार्ट करके देखते हैं। चल सकती है। वे व्हील पर हैं। जनरल नागरा उनके बगल में। उनका इशारा पाकर हम कूदकर जीप में बैठ जाते हैं। बलबीर सिंह तथा एक और मेजर अपनी गनें दायें-बायें फायरिंग पोजीशन में साध लेते हैं और अब हम सड़क पर जमालपुर की ओर जा रहे हैं। सड़क खाली नहीं है। दुश्मन की जीपें और ट्रक, जिनमें वे भरकर जा रहे थे, सड़क के बीचोबीच अपनी-अपनी जगह रुके हैं—कुछ के टायर गोलियों से फट गये हैं, कुछ के शीशे चूर-चूर हैं। कुछ गोलियों की दुतर्फा बौछार में ड्राइवर से सध न पाने के कारण कच्ची पटरी पर उतर गयी हैं। कुछ सड़क पर तिरछी हो गयी हैं। पाकिस्तानी कमाण्डर सुलतान महमूद की विशेष ख़ूबसूरत सफेद स्टेशन वैगन खेत में उतर गयी है, उसके दरवाज़े खुले पड़े हैं। जीपों और ट्रकों के बीच-बीच में वे भागते हुए अपनी बन्दूकें, पैकेट और बूट छोड़ गये हैं और सड़क के दोनों ओर घास और खेतों की ओर देखने की तो हमारी हिम्मत नहीं होती। जीप सड़क पर बिखरे हथियारों पर से उछलती जा रही है।

धुआँ और धमाके नज़दीक आ रहे हैं। और अब सामने है हथियारों का जलता हुआ कारवाँ। उसमें से बड़े-बड़े गोले फटकर हर ओर उड़ रहे हैं। जलते-धधकते हुए! दो हमारी ओर भी आते हैं। शूऽऽ। हम जीप में बैठे-बैठे ही सर झुका लेते हैं,

तो कोई कहता है, "घबराओ मत, जब उस दिन निशाना सधी फायरिंग से बच आये, तो आज तो अनाथ बेनिशाना छूट रहे हैं।" लेकिन जीप रुक जाती है। दायीं ओर टेलीफोन के खम्भे टेढ़े पड़ गये हैं और लम्बे-लम्बे टेलीफोन के तार बीच से टूट-टूटकर सड़क पर बिखर गये हैं। एक पहिये में तार उलझ गया है।

'क़ायदे-मिल्लत रोड'

जमालपुर शहर में जाने की यहाँ से एक सड़क है और उस पर ये फूटते हुए ज्वालामुखी। और जाना तो है ही अन्दर। क्या पैदल जायें? लेकिन सड़क पर गिरी हुई पेटियाँ और बारूद सुलग रहे हैं। बड़े-बड़े काँच टूटे पड़े हैं। और मोर्टार के गोले गिरे हैं और हैण्ड ग्रेनेड। सड़क पर उतरकर हम पैदल जायेंगे कहाँ? और अब हम योद्धा ब्रिगेडियर क्लेर की ड्राइविंग का चमत्कार देखते हैं। एक झटके के साथ जीप बढ़ी है और साँप की तरह बल खाती हुई टेढ़ी-मेढ़ी उन जलते ट्रकों, बिखरे ग्रेनेडों, टूटे तारों, फूटते गोलों के बीच से बिजली की तेजी से बढ़ रही है। मुझे याद है, थोड़ी देर को तो मैंने आँखें बन्द कर ली थीं। बायीं ओर एक कच्ची सड़क रेल लाइन के पास से जाती है। वहाँ थोड़ी किनारे पर जीप खड़ी कर ली गयी है। यहाँ कारवाँ के बीचोबीच तोपें लादकर ले जायी जा रही थीं। जनरल और क्लेर उतरकर सहज भाव से तोपों की जाँच-पड़ताल कर रहे हैं। कुछ छोटी-छोटी ख़ूबसूरत अण्डाकार

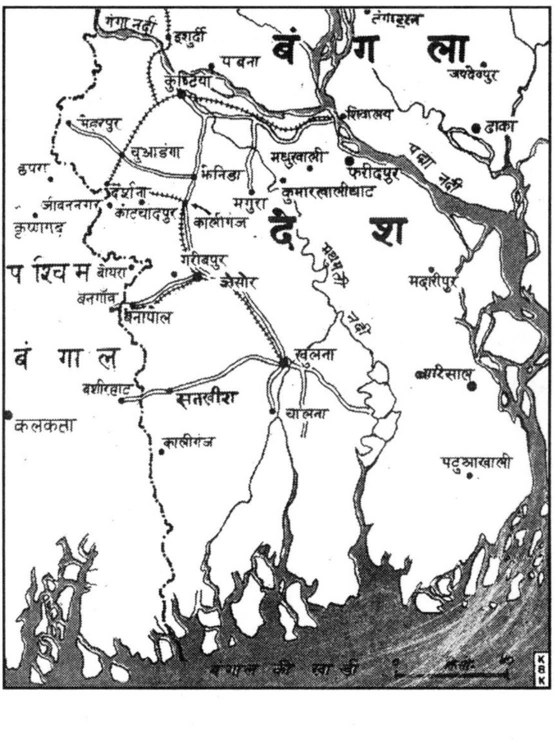

चीजें सड़क पर बिखरी पड़ी हैं। मैं कुतूहल से देखता हूँ कि ब्रिगेडियर की आवाज़ सुनाई पड़ती है, "अगर जीते-जी उड़ना चाहो तो उन्हें जरा पैर से ठोकर दो। तुरन्त उड़ जाओगे। वे ग्रेनड हैं।" मैं चौंककर पीछे हट आता हूँ। जीप फिर आगे बढ़ती है। उसी आग और धुएँ के बीच से और जब हम रेल की क्रॉसिंग के पास पहुँचते हैं, तो देखते हैं, सड़क के नाम का अंग्रेज़ी बोर्ड लगा है, 'क़ायदे-मिल्लत रोड' और कुछ दूर पर एक वीरान सूखा पार्क है, 'क़ायदे-आज़म जिन्ना पार्क!'

इन तमाम बिखरी पाकिस्तानी और बंगाली सिविलियन लाशों, धधकते गोलों वाली सड़क का नाम और हो ही क्या सकता था?

लाइन क्रॉस कर अब हम शहर की मुख्य सड़क पर प्रवेश करते हैं। सड़क बिल्कुल खाली। दोनों ओर के घर, दुकानें बन्द, खिड़कियाँ-दरवाज़े बन्द। एक अजीब-सी दहशत होती है। दुकानें खुली होतीं तो शायद ऐसा न लगता, लेकिन अब हर क़दम पर यह लगता है कि पता नहीं किस बन्द मकान में कौन छिपा हो, किस दुकान के तख़्ते के पीछे से कौन बन्दूक की नली झाँक रही हो। कुछ देर पहले एक इमारत देखी थी, जहाँ पाकिस्तानी छिपे थे और आत्मसमर्पण करने के पहले उन्होंने काफ़ी देर तक गोलियाँ चलाई थीं। स्कूल की सूनी इमारत, क्लासरूमों में हथियार भरे थे और बरामदों में बुलेट की पेटियों के थक्के-के-थक्के। बरामदे में एक मृत पाकिस्तानी सिपाही पड़ा था, उस बरामदे का भयावना सूनापन जैसे पूरी सड़क पर छाया हुआ है। सड़क किनारे एक दूसरे बरामदे में दो व्यक्ति खड़े हैं। हमें सलाम करते हैं। एक नाटा आदमी सफेद कमीज़ और चारखाने की लुंगी में मुझे पास बुलाता है। कहता है कि चार पाकिस्तानी सिपाही इस सड़क पर घूम रहे थे। उन्होंने दो व्यक्तियों को इसी सड़क पर गोली मार दी। अब किसी दुकान के पीछे कहीं छिपे हैं। उन दो व्यक्तियों के शव इसी घर में पड़े हैं। उनमें से एक इसका ममेरा भाई है। जीप रुकी है। मैं दौड़कर आगे वालों को बताता हूँ। जवाब मिला—"कोई चिन्ता नहीं, अगर छिपे हैं तो थोड़ी देर में पकड़ लिये जायेंगे!" (शाम को किसी ने भगोड़े अत्याचारी सिपाहियों की मनोवृत्ति बताई कि वे भागते समय निहत्थों पर जुल्म करते हैं, लेकिन बाद में उनका अत्याचार उनके मन को इतना भयभीत करता है कि वे इन्तज़ार करते हैं कि कब कोई उनसे हथियार रखवाकर उन्हें राहत दे!) अभी भी सड़कें सूनी हैं। इक्के-दुक्के लोग गलियों से झाँक रहे हैं।

सहसा यह तय होता है कि सबसे पहले ब्रह्मपुत्र के उस घाट पर चला जाये, जहाँ से हम पर फायरिंग की जा रही थी। और एक़दम से वह घटना हमारे दिमाग़ों में घूम जाती है। उस दिन यहाँ सब जगह पाकिस्तानी सैनिक सक्रिय रहे होंगे। शायद इसी सड़क पर से उस जीप पर लादकर रिकॉयललेस गन ले जायी गयी होगी। हाँ, यहीं से दायें मुड़कर वह घाट आता है।

विजय का जल-द्वार

यह रहा बिजलीघर और यह है बिजलीघर के बगल वाली ऊँची लाल इमारत, जिसे हमने दूरबीन से साफ देखा था। और यहाँ से इमारतों का सिलसिला ख़त्म और अब यह सड़क नीचे ब्रह्मपुत्र के किनारे उतर रही है। अरे, यही सड़क तो

अहाते में इकट्ठा हमारी सेना द्वारा छीने गये पाकिस्तानी हथियार।

देखी थी हमने उस पार से! हाँ, वह देखिए, घाट पर वह सिविलियन बस भी पंक्चर हुई खड़ी है, जिसके पीछे जीप को बैक करके वे लाये थे और फायरिंग शुरू की थी। हम ब्रह्मपुत्र के घाट पर जाते हैं। कुछ नावें खड़ी हैं। मैं सोचता हूँ, यही ब्रह्मपुत्र हमारी विजय का जलद्वार है। कितना खतरा झेला है हमारी सेनाओं ने, इसी जल पर सेतु-बन्धन के लिए! मैं नीचे बालू पर उतरकर किनारे जाकर थोड़ा-सा पानी हाथ में लेकर मुँह पर छींटे देता हूँ। कुछ छींटे सर पर। कृतज्ञता व्यक्त कर रहा हूँ या गंगा-तटवासी होने के नाते आदत है, कह नहीं सकता। इतना जानता हूँ कि उस वक़्त मन ही मन आशीर्वाद माँग रहा हूँ कि जैसे आज यह शान्ति, सचाई और स्वतन्त्रता की विजय की नदी यहाँ है–जमालपुर में, वैसी ही अपने उद्‌गम हिमालय से (गंगा से संयुक्त होकर) समुद्र-पर्यन्त बनी रहे, भविष्य में भी।

अब हम सब ब्रह्मपुत्र तट पर फायरिंग के प्वाइंट से खड़े होकर उस किनारे का वह स्थल देख रहे हैं, जहाँ हमने आश्रय लिया था। साफ बिना दूरबीन के

वायु प्रक्षेपास्त्र : ज़मीन से हवा में मार।

दीख रहा है सब। वह कंक्रीट की टूटी जेटी, वे गड़े हुए बाँस, वे बालू-पार के खेत, खेतों के पार का वह गाँव कितना साफ देख रहा होगा दुश्मन हमें!

कहीं से गोलियों की आवाज़ आती है और फिर शोर। हम चौकन्ने होते हैं। शोर धीरे-धीरे बढ़ता जा रहा है और निकट आ रहा है। सड़क पर दूर कुछ भागते हुए लोगों की झलक। और फिर ध्यान से देखा, लोग भागते हुए इधर आ रहे हैं। अरे, यह तो बांग्लादेश का ध्वज है। वे 'जय बांग्ला' के नारे लगा रहे हैं। और अब आसपास के घरों की खिड़कियाँ खुलने लगी हैं। पीछे-पीछे दो-तीन युवक उछल-उछल कर बांग्ला में घोषित कर रहे हैं कि पाकिस्तानियों ने आत्मसमर्पण कर दिया। जमालपुर स्वाधीन है, जय बाँगला! घरों के दरवाज़े भी खुलने लगे हैं और लोग निकल-निकलकर जुलूस में शामिल हो रहे हैं। वे दौड़ते हुए आते हैं और ब्रिगेडियर को बधाइयाँ देते हैं। मूर्च्छित जमालपुर सहसा जाग उठता है।

हम ब्रह्मपुत्र-तट से लौटते हैं। अब सड़कों पर लोग निकल आये हैं। देखते-देखते कुछ चाय की दुकानों के तख़्ते हट गये हैं और अँगीठी में कोयले सुलगाये जाने लगे हैं। हमें अजीब कुतूहल है कि पकड़े गये पाकिस्तानियों में से उनसे मिलें, जिन्होंने उस दिन हम पर फायरिंग की थी। रास्ते में पाकिस्तानी सिपाहियों की टुकड़ियाँ सफेद झण्डे लेकर दोनों हाथ उठाये निरस्त्र हमारे सैनिकों के पहरे में पी.टी. इंस्टीट्यूट की ओर जा रही हैं। वहीं जनरल नागरा पूरी सैनिक विधि से समर्पण स्वीकार करेंगे। इंस्टीट्यूट में ही पाकिस्तानियों का सैनिक हेडक्वार्टर था। अफ़सरों का विलास-कक्ष भी।

तहस-नहस हेडक्वार्टर

छोटी-सी, दोतल्लों की ख़ूबसूरत इमारत, लेकिन आसपास बहुत बड़ा अहाता। उसी में बैरकें बनी हुई हैं। और यहाँ विध्वंस का पूरा दृश्य है। न केवल चहारदीवारी जगह-जगह से टूट गयी है, वरन गेट के पास हमारी बमबारी से बहुत बड़ा क्रेटर बन गया है और मनों मिट्टी उछलकर चारों ओर टीले की तरह जम गयी है। इमारत की एक-एक खिड़की-दरवाज़ा चूर-चूर हुआ पड़ा है। यहाँ तक कि अन्दर के सोफ़े, पलंग और आयीने भी टुकड़े-टुकड़े हो गये हैं। बैरकों में कई जगह छत टूट गयी है। और अब हमें ख़याल आता है कि पूरा शहर हम घूम आये, किसी सिविलियन इमारत पर खरोंच तक नहीं है। एक-एक दिन में इतनी बार बम बरसाने पर भी हमारे बहादुर बमवर्षकों का निशाना इतना अचूक था कि

सिवा उस मिलिटरी हेडक्वार्टर के कहीं धब्बा नहीं था। इस इमारत के अहाते में न आकर पूरा शहर घूम आइये। आपको मालूम ही नहीं होगा कि यहाँ बमवर्षा हो चुकी है।

हेडक्वार्टर की इमारत का दृश्य अजीब था। चूर-चूर शीशा, फर्नीचर के टुकड़े, उखड़ा पलस्तर, दीवारों का मलबा–नीचे बरामदे में, कमरे में, छज्जे पर, फर्श के एक-एक इंच पर बिखरे हुए हैं। एक ख़ूबसूरत लाल कालीन आधा लपेटा हुआ पड़ा है, कुर्सियों का बेंत कट गया है, गद्दे उधड़ गये हैं, ढाँचे पड़े हैं एक कमरे में कोने की मेज़ पर फौजी फाइलें तितर-बितर पड़ी हैं, एक खुला हुआ पेन नीचे गिर गया है। अल्मारियों के दरवाज़े, अटैचियों के ढक्कन खुले पड़े हैं। मानो हड़बड़ी में भागते हुए ज्यों-का-त्यों छूट गया है। छज्जे पर एक बाँस में बँधी हुई एक फटी सफेद चादर झण्डे की तरह लहरा रही है। नीचे बरामदे के फर्श पर, सीढ़ियों पर, कच्ची ज़मीन पर, कम्बलों पर पाकिस्तानी घायल पड़े हैं और उन्हीं

ढाका हवाई अड्डे का हैंगर (विमान खड़े करने की जगह) भारतीय बमबारी के बाद।

की बगल में घायल बंगाली। कैप्टन (डॉ.) त्रिपाठी अपने सहकारियों के साथ मौजूद हैं। इस वक़्त उनके हाथ में दवा का बक्सा और कन्धे पर राइफल है। वे दौड़-दौड़कर ज़ख़्म साफ कर रहे हैं, पट्टी बाँध रहे हैं, पाकिस्तानी घायलों के भी और बंगाली सिविलियनों के भी। एक पाकिस्तानी घायल उठाकर लाया जाता है। एक दुकान के तख़्ते के नीचे पड़ा था। कैप्टन त्रिपाठी दौड़कर उसकी जाँच करते हैं। पास खड़ा एक सहायक उनको दवाएँ और पट्टियाँ देता है, फिर एक गहरी साँस लेकर कहता है—"ये सब धरम उनको नहीं आता, जानते हैं साहब, सुबह हमारे दो जवान मरे नहीं थे, घायल हो गये थे। पाकिस्तानी भागते-भागते रुके। उन दोनों को संगीनें भोंक-भोंककर मार डाला। अब देखिए, कैसे मुसट्टी मारकर बैठे हैं।"

मैं देखता हूँ। धूप में ज़मीन पर सैकड़ों की तादाद में वे बैठे थे। वे, जिन्होंने गाँव जलाये थे, बलात्कार किये थे, इसी इंस्टीट्यूट में हत्याएँ की थीं। कुछ सर झुकाये थे, कुछ कुतूहल से हमारी ओर देख रहे थे, कुछ डरे हुए-से उन बंगाली नागरिकों की ओर, जो अब घर से निकल आये थे और चहारदीवारी के पास इकट्ठे हो रहे थे। उनका अफ़सर यहाँ था—एक लम्बा, दुबला, कमउम्र लेफ्टिनेंट ज़ैदी। आत्मसमर्पण की रस्म शुरू हुई। वे सब खड़े हो गये। ज़ैदी अभी भी काफ़ी धृष्टता और अशिष्टता से घूम रहा था। जनरल नागरा ने उससे कूछ पूछा, उसने मुँह फेरकर अपने किसी सिपाही से बात करनी शुरू की। मैंने पहली बार जनरल के सौम्य चेहरे पर गुस्सा देखा—"मैं तुमसे बात कर रहा हूँ। तुम्हें सीनियरों के सामने खड़ा होना नहीं आता? अटेंशन खड़े हो।" ज़ैदी घूमकर अटेंशन खड़ा हो गया, लेकिन अविनय का भाव ज्यों-का-त्यों! हमारी सेना के सीनियर ऑफ़िसर ले. कर्नल के. एस. ब्रार ने जनरल नागरा को सैल्यूट किया और निवेदन किया कि 31 बलूच रेजीमेंट ने युद्ध में हमसे शिकस्त पायी है और वे सैनिक और अफ़सर सब आत्मसमर्पण करना चाहते हैं। जनरल नागरा ने स्वीकार किया। उनके हथियार उतरवाये और अपने संक्षिप्त भाषण में उन्हें आश्वासन दिया कि यदि वे अनुशासन मानेंगे तो उनके साथ अच्छा व्यवहार किया जायेगा। जेनेवा कन्वेंशन के अनुसार। किन्तु यदि वे कोई शरारत करेंगे तो भारतीय सेना को कड़ाई का व्यवहार भी आता है। भारतीय सेना उनके घायलों की चिकित्सा का इन्तज़ाम कर रही है और उनके आराम का ख़याल रखेगी। उन्होंने हथियार रख दिये हैं और हथियारहीन दुश्मन से हम दुश्मन का-सा व्यवहार नहीं करते। उनको खाने-रहने की कोई तकलीफ़ नहीं होगी।

अजब-गजब मूर्तियाँ

कैदियों में अजब-अजब मूर्तियाँ थीं। बड़ी मूँछों वाले, ढीले सलवार पहने अजीब कठोर चेहरे। लेकिन एक बहुत मोटे कैदी महोदय इस आश्वासन, खासतौर से खाने वाले आश्वासन पर इतने पुलकित हुए कि ताली बजाने लगे। ज़ैदी ने डाँटा—'नो क्लैपिंग', तो इतने सहम गये कि ताली बजाने की मुद्रा में ही हाथ जहाँ-का-तहाँ जम गया। थोड़ी देर बाद एक दूसरा अफ़सर, जो भाग गया था, गिरफ्तार करके लाया जाता है। अधेड़ पख्तून, मेजर फज्ले अकबर। ज़ैदी की अपेक्षा अकबर ज्यादा अनुशासित लगता है। वह विभाजन-पूर्व देहरादून की मिलिट्री ऐकेडमी में पढ़ा हुआ है। भारतीय सेना के जो अफ़सर देहरादून एकेडेमी के हैं, उनसे स्कूली दिनों की बात करता है। ज़ैदी के व्यवहार के बारे में एक टिप्पणी यह है कि पाकिस्तानियों की विभाजनोत्तर पीढ़ी को भारत के प्रति घृणा पर ही पाला गया है, अतः उनमें भयानक असहिष्णुता है। अपने प्रति किये गये सहज मानवीय व्यवहार को वे सही परिप्रेक्ष्य में नहीं समझ पाते।

कुछ सुबह से अप्रत्याशित दृश्यों के बीच से गुजरने का बोझ, कुछ सुबह से सिर्फ़ एक प्याला चाय, कुछ खड़े-खड़े अब हम काफ़ी थकान महसूस करने लगे हैं। लेकिन बैठें कहाँ? उसी ध्वस्त इमारत के एक कमरे में टूटे शीशे और मलबे के ढेर के बीच एक कोने में दो सोफ़े खींचकर लाते हैं, कुछ अधटूटी कुर्सियाँ और उन पर बैठकर राहत की साँस लेते हैं। ज़ैदी भी उधर लाया जाता है और हमारे पास बैठा दिया जाता है। अब पराजय और आत्मसमर्पण का यथार्थ जैसे वह समझ रहा है। हम उससे बातें करने लगते हैं। मालूम होता है कि वह लाहौर का है। हमारा एक अफ़सर उससे पूछता है कि ब्रिगेडियर क्लेर ने सन्देश भेजा था कि व्यर्थ ख़ून बहाने से क्या लाभ, चिट्ठी भी भिजवाई थी, फिर उनके कमाण्डर ने व्यर्थ इतना ख़ून-खराबा क्यों किया? वह बताता है कि "कमाण्डर को उम्मीद नहीं थी कि भारतीय सेना जमालपुर के इतने नज़दीक आकर पीछे चुपचाप बैठ गयी है। हाँ, आत्मसमर्पण करने के लिए जो चिट्ठी आयी थी, उसे हमने जरूर मज़ाक़ में लिया। लेकिन सुलतान महमूद ने किसी को भी नहीं बताया था कि वे भागने का इन्तज़ाम कर रहे हैं। उन्होंने अपनी सफेद स्टेशन वैगन में बहुत-सा सामान चुपचाप भरवाया था। रात को साढ़े ग्यारह बजे अकस्मात् हुक्म मिला कि जैसी हालत में हो, वैसी ही हालत में ट्रकों और जीपों पर लद जाओ। ज़ैदी बीमार था। उसको पहले से घायल पाक सिपाहियों के साथ रखा हुआ था। जाते

समय उनको खबर भी नहीं दी गयी, न कोई आदेश। जिन टुकड़ियों से सम्पर्क नहीं हो पाया, उनको भी सुबह तक नहीं मालूम था कि वास्तविक हालत क्या है!"

और अब फायरिंग की बात चलती है। तीन दिन पहले 8 तारीख को दिन में दस-साढ़े दस बजे उस किनारे पर हम लोगों पर फायरिंग किसने की थी? ज़ैदी पहले चुप रह जाता है, लेकिन फिर धीरे-धीरे विस्तार से बताता है कि उन्होंने जनरल को हेलीकॉप्टर से उतरते देखा था। यहाँ तक कि उनकी जीप पर लाल तिकोनी झण्डी देखकर वे समझ गये थे कि यह जनरल की जीप है। हमारी गतिविधियों को एक ऑब्जर्वेशन पोस्ट से देखकर सुलतान महमूद को सारी रिपोर्ट दी जा रही थी। लेकिन फायरिंग एक कमउम्र कप्तान ने की। कौन था वह? अब ज़ैदी चुप हो जाता है। लेकिन थोड़ी देर में वह उस रिकॉयललेस गन और मोर्टार की पूरी तफ़सील बताता है, वह कितने इंच की थी, कहाँ से लायी गयी, मोर्टार कहाँ से छोड़े जा रहे थे!

वही रिकॉयललेस गन

हमें लगता है कि वह क़बूल नहीं कर रहा (शायद भयवश)। उसे यह भी मालूम है कि वह रिकॉयललेस गन जमालपुर में ही कहीं जीप पर लदी पड़ी है। थोड़ी देर बाद कोई आकर बताता है कि सड़क पर वह जीप पर लदी रिकॉयललेस पड़ी है। जीप के टायर फट गये हैं। उसे उठवाकर यहीं लाया जायेगा। पर सफेद झण्डे को पीछे हटाकर आगे बाँग्लादेश का ध्वज फहरा दिया गया है। मुक्तिवाहिनी के

इन ढुलकते आँसुओं का दर्द कोई समझ सकता है?

स्थानीय कैप्टन काज़ी जैनुल आबदीन झण्डा फहराते हैं और मुक्तिवाहिनी के साथ सैनिक कतार में खड़े होकर 'आमार सोनार बाँग्ला' गा रहे हैं। अहाते में पाकिस्तानी युद्धबन्दी, क़ब्ज़े में किये गये अस्त्र-शस्त्र, टूटी दीवारों के मलबे, 31-बलूच रेजीमेंट के काग़ज़-पत्तर बिखरे पड़े हैं। उन पर गूँजता हुआ 'आमार सोनार बाँग्ला' का स्वर कैसा लग रहा है! पाकिस्तानी युद्ध और अत्याचार की कितनी पीड़ा उसमें घुली हुई है और भारतीय सैनिकों की वीरतापूर्ण शहादत!

एक नाटा-सा हँसमुख अधेड़ मुक्तिसैनिक, घुटनों तक लुंगी दोहरी लपेट सर पर लोहे का जालीदार टोप लगाये आता है। "हलो मुंशी", क्लेर पुकारते हैं। वह हँसता हुआ, आधा उछलता हुआ आता है। जनरल और क्लेर उससे बड़े स्नेह से हाथ मिलाते हैं और हँस-हँसकर बातें कर रहे हैं। कौन हैं ये मुंशी साहब, इस कदर महत्त्वपूर्ण? मैं अपनी नोटबुक लेकर उनके पास जाता हूँ, तो बड़े प्रेम से हाथ मिलाते हैं और बाकी कुछ और बताने के बजाय अपना पूरा पता, ज़िला, गाँव, डाकखाना सब लिखा देते हैं और पूरा नाम—"मोहम्मद ज़हरुल हक़ और सुनिये साथ में 'मुंशी' जरूर लिखियेगा!" और उछलते हुए मेजर महेन्द्र से हाथ मिलाने चले जाते हैं।

बलबीर सिंह जीप लेकर वहाँ जा रहे हैं, जहाँ हमारा हेलीकॉप्टर खड़ा है। "11 बज गये हैं, यहाँ तो कुछ नहीं है। कम से कम शेरपुर में जाकर आप लोग कुछ खा-पी तो लीजिए।" हम वहाँ पहुँचते हैं। सड़क के इर्द-गिर्द अभी भी उसी दृश्य के अवशेष हैं। हेलीकॉप्टर तैयार है, पर वर्मा बताते हैं कि अभी तो घायलों को लादकर शेरपुर ले जा रहे हैं। आधे घण्टे में लौटकर आयेंगे, तब दूसरी ट्रिप में ले जायेंगे। यहाँ आते-आते गला बुरी तरह सूखने लगता है। अब यूसुफ़ दीखते हैं। हम उनसे पूछते हैं कि गाँव में कहीं पानी पीने को मिल सकेगा? इसी दायीं ओर वाले गाँव में भारतीय सेना की टुकड़ी ने छावनी डाली है, उनके पास पानी होगा। अब अबू यूसुफ़ बताते हैं कि किस प्रकार तीन दिन तक मुक्तिवाहिनी तथा आसपास के गाँववाले छिपाकर इनको पानी और रसद पहुँचाते रहे। हम जाकर छाँह में अपने सैनिकों के बीच बैठते हैं। पानी माँगने पर वे चाय बनाने का आदेश देते हैं और कुछ सूखी पूड़ियाँ, तीन दिन पहले की। भाजी ख़त्म है। रूखी पूड़ियाँ चाय के साथ क्या मज़ा देती हैं उस समय! एकाध पर अचार का मसाला लगा रह गया है, उनके ज़ायके का तो जवाब नहीं।

हेलीकॉप्टर पर भारतीय सेना के घायल जवान लाद दिये गये हैं। उनके साथी सैनिक उन्हें विदा देने हेलीकॉप्टर के इर्द-गिर्द जमा हैं। नारा लगता है—"बोलो छत्रपति शिवाजी महाराज की जय!" अरे, यह हमारे महाराष्ट्र का नारा यहाँ कैसे! मालूम होता है कि हम जिस कम्पनी में बैठे हैं, वह मराठा लाइट इन्फैंट्री है, और जो आस-पास बैठे हैं, वे सभी पूना, सतारा, बम्बई के हैं। सचमुच यह आश्चर्य का दिन है, एक गहरा सुखद आश्चर्य और अपने महाराष्ट्र की पलटन ने यह लड़ाई जीती है। आसपास के लोग यह जानकर कि हम 'धर्मयुग' के हैं, बेहद ख़ातिर करते हैं—हम उनके घर के लोग हैं। अब वे सब काम छोड़कर जल्दी-जल्दी चिट्ठियाँ लिखते हैं कि हम बम्बई लौटकर इन्हें पहुँचा दें। पूना, सतारा, नासिक की चिट्ठियाँ तो डाक में छोड़ देंगे, लेकिन चेम्बूर और सायन की चिट्ठियाँ तो खुद जाकर दें—और लीजिए, कौन विश्वास करेगा कि बगल में बैठे साँवले, चश्मा लगाये कैप्टन नम्बियार मेरे ही मुहल्ले के हैं, बान्द्रा पूर्व। इन दिनों ब्लैक आउट की चाँदनी में बम्बई कितना सुन्दर लगता होगा!

थोड़ी देर में लेफ्टि. कर्नल के.एस. ब्रार आते हैं। चुस्त, अनुशासनप्रिय और अनुभवी। बिछे हुए पुआल पर हमारे साथ बैठ जाते हैं और युद्ध का विवरण हमें विस्तार में लिखवाते हैं—

"5 दिसम्बर को सुबह बख़्शीगंज पर हमने क़ब्ज़ा किया। उसके बाद मराठा लाइट इन्फैंट्री की फर्स्ट बटालियन आगे बढ़ी। उसके साथ माउण्टेन बैटरी तथा 852 बैटरी भी थी। सारी पलटन मुख्य सड़क छोड़कर गाँवों और खेतों के रास्ते पैदल गयी, कहीं-कहीं बैलगाड़ी पर। 5 दिसम्बर की आधी रात ब्रह्मपुत्र पार कर हम जमालपुर की पाक फौजों के भी पीछे आकर बैठ गये। हमारे दो उद्देश्य थे, एक तो शत्रु का सम्बन्ध ढाका और टंगाइल की शत्रु छावनियों से काट देना और दूसरे उन पर पीछे से दबाव डालना।

"घेरे के दिनों में 7 तारीख, 8 तारीख और 9 तारीख को शत्रु से दो बार झड़प हुई और उसे हमने काफ़ी नुकसान पहुँचाया। वास्तव में हम इस तरह छिपे थे और गाँवों के निवासी हमें इतना सहयोग दे रहे थे कि शत्रु को कभी अन्दाज़ ही नहीं लग पाया था कि हम संख्या में कितने हैं।

"9 तारीख की रात को शत्रु की सैनिक टुकड़ियाँ कई दिशाओं से जमालपुर से आयीं और इस क्षेत्र में घूमती रहीं। उनका उद्देश्य था कि हम उन पर फायर करें तो उन्हें हमारी पोजीशन का पता लग जाये। लेकिन हम चुपचाप रहे।

एक दिन पहले हम चुपचाप जमालपुर के पास तक जाकर उनके बंकरों तक को देख आये थे।

"तीन घण्टे की चुप्पी के बाद शत्रु ने तीन दिशाओं से हम पर हमला बोल दिया। पूरब से, पश्चिम से और उत्तर से। हमले में वे चीनियों की 'ह्यूमन वेव टेक्नीक' का इस्तेमाल कर रहे थे यानी लहर पर लहर, एक के बाद एक। हर लहर में 100 के क़रीब फौजी होते थे और एक के बाद एक पाँच लहरों में उन्होंने चढ़ाई की। भारी ऑटोमैटिक फायर तो कर ही रहे थे, भारी मोर्टार तोपें भी उन्होंने लगा दी थीं। लेकिन हर आक्रमण का जब हमने जवाब दिया तो उनको भारी नुकसान उठाना पड़ा। कभी-कभी वे चिल्लाकर हमला करते थे, लेकिन दो बार चुपचाप सीधे बटालियन के एफ.डी.एल. में आ गये। लेकिन हमारी बिल्कुल ठीक निशानेबाज़ी और दृढ़ निश्चय के आगे वे बेकाम सिद्ध हुए। हम अपनी-अपनी पोजीशन पर तब तक जमे रहे, जब तक हमने शत्रु के हमलों को नाकाम नहीं कर दिया।

"उसका आखिरी हमला आज 11 दिसम्बर को सुबह 4 बजे हुआ। इस ऐक्शन ने जीपों और ट्रकों पर चढ़कर हमारी मोर्चेबन्दी को पार करना चाहा, लेकिन हमने उनको घेर लिया। उनके 60 अफ़सर और सिपाही उसी समय ज़िन्दा पकड़ लिये। बाकी और 200 ने हथियार रख दिये।

"आज के ऐक्शन में दुश्मन के 100 से अधिक लोग मारे गये। 40 सख़्त घायल हुए और 350 के लगभग युद्धबन्दी बनाये गये। इस समय पाकिस्तान की 31 बलूच-रेजीमेंट का आज नामोनिशान नहीं रहा। भारतीय सेना के 9 जवान शहीद हुए और 6 घायल, जिनमें एक अफ़सर भी है और एक जे.सी.।

"शस्त्रास्त्र, जो पकड़े गये उनकी गिनती अभी हो रही है। मोटे तौर पर छह पाउण्ड ऐन्टी टैंक रिकॉयललेस गनें—आठ, और एक सौ इक्कीस मि. मोर्टार तोपें—तीन, पकड़ी गयी हैं, राइफलों और गोला-बारूद और जीपों की तो गिनती करना कठिन है।"

उत्तरी मोर्चे का ध्वस्त रक्षाद्वार

लेफ्टि. कर्नल ने पूरा विवरण समाप्त भी नहीं किया था कि फिर नारा लगा—'छत्रपति शिवाजी महाराज की जय!' और उसके साथ ही गाँववालों का 'जय बांग्ला!' मालूम हुआ कि हमारी बहादुर जंगी पलटन (मराठा लाइट इन्फैंट्री) जीत के बाद

ठहरना नहीं चाहती। वह अब ढाका के रास्ते में मधुपुर और टंगाइल की ओर रवाना होने को तैयार है, मधुपुर के बाद टंगाइल। टंगाइल के बाद जयदेवपुर और फिर ढाका। तो आखिरकार ढाका के उत्तरी मोर्चे का रक्षाद्वार टूट ही गया।

हेलीकॉप्टर घायलों को शेरपुर पहुँचाकर वापस आ गया था और एम.एम. गिल हमें बुलाने आ गये थे। लेकिन पहले हम ब्रिगेडियर क्लेर के पास जाते हैं। उनको व्यक्तिगत रूप से बधाई तो हमने अभी तक दी ही नहीं। सड़क पार सामने वाले बाँस के एक झुरमुट पर उनका बिस्तरा और बाँस के सहारे टँगे हुए कपड़े। दो बाल्टियों में गरम पानी मँगवाया है और अब नहाने जा रहे हैं। हँसकर स्वागत करते हैं–"मैंने साढ़े छह बजे ही वायरलेस पर कहलवाया था कि तुम लोगों को तुरन्त भेजें। आज तुम्हारे लिए कुछ मसाला मिलेगा। उम्मीद है कि मैंने निराश नहीं किया तुम लोगों को। बट इट वाज ए टफ फाइट।"

हथियारों और गोलाबारूद की ढुलाई : मुक्तिवाहिनी की मदद करते हुए नन्हे किशोर।

फिर वे इस मुठभेड़ के कुछ दिलचस्प पहलू बताते हैं :

“रात एक बजे पहली गोली चली और मेरे ट्रांजिस्टर को भेदती निकल गयी। मैं तुरन्त उठा कि तब तक गोलियों की बौछार। अन्धेरे में कुछ अन्दाज़ नहीं और बाँस की इस झोंपड़ी में कोई बचाव नहीं। यह देखो मेरी जर्किन। इसमें से होकर पाँच-छह गोलियाँ निकल गयीं, लेकिन बस ईश्वर की कृपा है कि मुझे एक भी नहीं लगी। हाँ, एक चीज और बच गयी। मेरी स्कॉच। ट्रांजिस्टर के पास ही रखी थी, लेकिन ज्यों-की-त्यों बच गयी।”

फिर थोड़ा गम्भीर होकर बताते हैं—“दुश्मन के काफ़ी लोग मारे गये। ये सब बच सकते थे, लेकिन इनके अफ़सर ने इन्हें मरवा दिया। खुद भाग निकलने का कार्यक्रम बना रहा था और उन्हें खबर भी नहीं दी। मैंने पत्र भेजा कि आत्मसमर्पण कर दो, व्यर्थ में सैनिकों की जान गँवाने से क्या लाभ, तो उसने चुनौती भरी चिट्ठी भेजी और साथ में लिफ़ाफ़े में रखकर एक बुलेट। वह चिट्ठी देखोगे?”

मुंशी की करामात

और वे लाकर वह चिट्ठी दिखाते हैं। अब मालूम होती है वह दिलचस्प घटना, कैसे चिट्ठी गयी और कौन जवाब लाया? “तुम्हें याद है अभी वह ‘मुंशी’ मिला था मुक्तिवाहिनी का। बड़ा पक्का है। जितना बहादुर है, उतना ही मसखरा भी!”

प्रतिरक्षामन्त्री श्री जगजीवनराम उस भारतीय बमवर्षक को देखते हुए, जिसे क्षतिग्रस्त हो जाने के बावजूद स्क्वैड्रन लीडर वी.एन. जौहरी कुशलतापूर्वक वापस लौटा लाये थे।

और अब मुंशी साहब के कारनामे सुनिये। ब्रिगेडियर क्लेर की चिट्ठी जेब में रखकर उन्होंने अपने हाथ बँधवाये और जमालपुर के रेलवे क्रॉसिंग के पास जाकर लगे जोर-जोर से रोने-चीखने। हर साँस में मुक्तिवाहिनी की धारोधार गालियाँ—बंगाली-उर्दू दोनों भाषाओं में। पाकिस्तानी सैनिकों ने आकर इन्हें पकड़ा तो बताया कि "मैं साइकल पर आ रहा था। पीछे मेरी गठरी बँधी थी। सड़क के दोनों ओर से उछलकर मुक्तिवाहिनी वालों ने पकड़ लिया। मेरी गठरी छीन ली, साइकिल रख ली और मुश्कें बाँध कर यह ख़त देकर मुझे बन्दूक से डरा-धमकाकर यहाँ छोड़ गये। कहा कि इस चिट्ठी का जवाब लाओगे तो साइकिल वापस दे देंगे। मर गये साहब। गरीब आदमी हम। मुक्तिवाहिनी को शैतान ले जाये! उनकी बन्दूकों में कीड़े पड़ें।" सिपाहियों ने दो-एक घूँसे-लात आश्वासन के रूप में और दिये और इनकी आँख पर पट्टी बाँधकर लेफ्टि. कर्नल राजा सुलतान महमूद के पास ले गये। उसने चिट्ठी पढ़ी, पहले संजीदा हुआ और फिर उसने दूसरे अफ़सरों को बुलाया और चिट्ठी पढ़-पढ़कर फब्तियाँ कसता रहा। फिर इनका कुछ और लात-घूँसों से सत्कार हुआ और इनसे पूछा गया कि क्या तुम भी मुक्तिवाहिनी के हो, यहाँ और कौन-कौन है! 'मुंशी' बार-बार सलाम बजाकर कमाण्डर राजा जनाब सुलतान महमूद बहादुर साहब की ख़िदमत में अपनी साइकिल वापस दिलाने की अर्जी पेश करते रहे। अन्त में उसने ख़त का जवाब लिखा, लिफ़ाफ़े में एक बुलेट रखकर इनसे कहा—"इण्डियन कमाण्डर से कहना, लड़ाई के मैदान में मुलाक़ात होगी!" और इन्हें विदा के समय एक प्याला चाय और धक्के देकर बाहर कर दिया गया। आधे घण्टे में उछलते हुए 'मुंशी' राइफल से लैस अपने मुक़ाम पर प्रकट हो गये! क्लेर उसके नाटक की याद कर हँस पड़ते हैं।

हेलीकॉप्टर तैयार है लेकिन उसमें संगीन घायल भरे हुए हैं। फर्श पर। सीटों पर। हम उन्हीं के बीच में किसी तरह खड़े हो जाते हैं। ज्यादातर पाकिस्तानी घायल हैं। दो बंगाली सिविलियन। एक बंगाली अधेड़ किसान रह-रहकर कराह रहा है—'अल्लाह! अल्लाह!!' उसे जिस पाकिस्तानी ने गोली मारी थी, क्या वह भी इन्हीं घायलों में है! युद्ध भी कैसे विचित्र संयोग पेश करता है। घायल के रूप में दोनों मरहम-पट्टी के हकदार हैं, लेकिन चिकित्सा के बाद निहत्थों की हत्या करनेवाले क्या युद्ध-अपराधी के रूप में दण्ड पाने के हकदार नहीं?

वीरों का कैसा हो वसन्त!

हम शेरपुर पहुँच रहे हैं। ब्रह्मपुत्र कितनी शान्त लग रही है। ओह! आज तो नावें चल रही हैं। किनारे पर मेला जैसा लग रहा है। मोर्चे पर फतेह से हमारा मन भी हल्का हो आया है। तीन दिन से किस कदर चिन्ता थी। तिल के पीले फूल भरे खेत इस समय कितने उल्लास भरे लग रहे हैं, जैसे वसन्त आ गया हो। "वीरों का कैसा हो वसन्त!" शायद ऐसा ही। सोनार बांग्ला अपने पूरे सुनहरे जादू के साथ जाड़े की धूप में खिला हुआ है। लेकिन इन खेतों की मिट्टी अनन्त काल तक न भूल पायेगी कि इसमें बहादुर भारतीय सैनिक शहीदों का रक्त मिला हुआ है, वे जिन्होंने स्वतन्त्रता, मानवता और बन्धुत्व के मूल्यों की रक्षा के लिए अपनी जानें न्योछावर कर दीं, जिन्होंने शीतल हिम-इस्पाती मृत्यु झेली ताकि सोनार बांग्ला में वसन्त आये और पीले फूल जाड़े की धूप में खिलें।

जमालपुर और तदुपरान्त

"अच्छा, आप सुलतान महमूद को जानते थे यानी दोस्ती के स्तर तक? कैसा था वह आदमी?" मैंने पूछा और पूरी तल्लीनता से जवाब का इन्तज़ार करने लगा, धड़कते दिल से।

वह मुझे अच्छी तरह से याद है। ज़िन्दगी में कभी-कभी हालाँकि बहुत ऐसे क्षण आते हैं, जब अकस्मात् आपके सामने अपने ही मन का कोई आयाम सहसा नुमायाँ हो उठता है। आपको अचरज होता है कि अरे, सचमुच आप इसी भावना को तो इतने दिनों से जी रहे थे लेकिन आज तक उसे समझ नहीं पा रहे थे। प्यार के बारे में तो अमूमन ऐसा होता है, लेकिन घृणा के बारे में भी ऐसा होता है कि उसके अनेक आयाम होते हैं, यह कभी किसी लेखक ने क्यों नहीं लिखा? किसी ने यह क्यों नहीं लिखा कि परम घृणा भी कहीं हमें अपनी घृणा के लक्ष्य से बड़े रहस्यमय ढंग से जोड़ जाती है, वह जुड़ना प्यार के जुड़ने से अलग किस्म का हो, पर होता जरूर है।

बन्दी अत्याचारी

लेकिन उस जुड़ने का आधार क्या होता है? केवल कुतूहल? केवल अपने शत्रु को और जानने की उत्सुकता? या केवल उसे ध्वस्त करने का आवेश? आज सुबह ही उठकर देखा था कि जमालपुर में पकड़े गये तमाम युद्धबन्दी यहाँ शेरपुर में एक इमारत में लाकर रखे गये हैं। और यह खबर फैलते ही न केवल शेरपुर वरन आसपास के तमाम गाँवों और खुद जमालपुर तक हजारों बंगाली बच्चे, जवान, बूढ़े चारों ओर इकट्ठे हो गये थे। कुछ एकटक इमारत की खिड़की-दरवाज़ों

***यहिया खाँ*: याद बाकी है!**

की ओर देख रहे थे, उनकी एक झलक पाने के लिए उछल रहे थे। कुछ उधर देख भी नहीं रहे थे लेकिन इसी इमारत के आसपास घूम रहे थे चुपचाप। कुछ उधर पीठ किये खड़े थे गोया उनकी शक्ल भी न देखना चाहते हों और उनके राक्षसी अत्याचारों की कथाएँ सुना रहे थे। उनमें से एक ने पूछा कि "ये जो कल तक आगजनी-बलात्कार, लूटपाट करते थे, अगर तुम इनसे बात करो तो क्या पूछो?" "क्या पूछेगा सर?" उसकी आँखें जल उठीं : "हमारा मामूँ का गाँव में ए लोग घुस गिया। सम्पूर्नो गाँव में आग बालकर पोजीशन ले लिया। जो मानुष भागा, उसे शूट नहीं किया। बेयोनेट, भोंककर फिर अगुन में फेराय दिया। जीवितोई मानुष को, औरत लोग को, बच्चा लोग को मूड़ी समान भून दिया। ओई लोग है ए। अबी क्या पूछेगा। ओ तो राजा समान सकाल बिकाल नास्ता करके, चाय खा के धरती पर बैठा है, उनका अफ़सर खुरसी पर बैठा है। आगुन बाबा के बेयोनेट घोपा होय उसको तब हम पूछे। अबी क्या पूछेगा सर?" एक क्षण उसकी जलती आँखें देखता हूँ, वह आँखें दूसरी तरफ कर लेता है फिर भी यह पहचानना कठिन नहीं है कि ये आँखें मामूँ की हत्या पर किस कदर रो चुकी हैं, एक बेबस गुस्से और मर्मान्तिक पीड़ा से।

आखिर, अच्छे, सीधे-साधे, भले मानसों पर आगजनी, बलात्कार, नरमेध करने वाले पिशाच कैसे पैदा हो जाते हैं। क्या होते हैं वे अन्दर से? वह क्या चीज है जो उन्हें इतना घिनौना, इतना जघन्य, इतना बर्बर बना देती है। उनका दिमाग़ (या जो कुछ भी दिमाग़ की जगह पर होता हो) कैसे काम करता है? उसे कैसे जाना जाये, अन्दर बहुत गहरे पैठ कर अन्तरंग में?

तो क्या एक बहुत गहरी जिज्ञासा मुझे इनसे जोड़ रही है? हो जिज्ञासा लेकिन उस जिज्ञासा में कहीं क्षमा नहीं है, शायद वही उस अत्याचारी के प्रति घृणा का ही एक आयाम है, ऐसा आयाम जिसे मैं अकस्मात् उस समय पहचानता हूँ जब जमालपुर कॉलेज के हॉल में इकट्ठी भीड़ में वह युवक बंगाली सिविलियन अफ़सर मुझे बताता है कि वह सुल्तान महमूद को जानता था और मैं उससे और अन्तरंग तक जानने के लिए व्यग्र हो उठता हूँ।

जनरल नागरा सुबह उठकर तैयार हो गये थे और फिर जमालपुर पहुँचने के लिए हेलीकॉप्टर का इन्तज़ार कर रहे थे। हेलीकॉप्टर सुबह से दो ट्रिप कर चुका था। उधर से घायलों को लादकर ला रहा था, पाँच, पाँच को एक ट्रिप में। ज्यादातर पाकिस्तानी घायल थे, कुछ भागते पाकिस्तानियों द्वारा शूट किये

गये बंगाली ग्रामवासी थे, जिनमें से कुछ की हालत काफ़ी संगीन थी। वहाँ एक अधेड़ सिख लेफ्टिनेंट कर्नल खड़े घायलों का चार्ज ले रहे थे : "ओहो, आप लोग यहाँ हैं," हमें देखते ही परिचित आत्मीयता से आगे बढ़ आये : "कोई तकलीफ़ तो नहीं यहाँ! यहीं पीछे गर्ल्स स्कूल की इमारत में अस्थायी अस्पताल बना दिया गया है। हमारी मेडिकल यूनिट के डॉक्टर कल से रात-दिन जागकर डटे हैं काम में!" ओहो, ये तो लेफ्टि. कर्नल खुराना है जो उस दिन रात को बलाट के डाक बँगले में मिले थे। ये न होते तो शायद जाड़े की रात जीप में बिना कम्बल सोकर बितानी पड़ती। खुराना बताते हैं कि उनके अस्पताल में इतने पाकिस्तानी घायल भर गये हैं कि भारतीय फौजी डॉक्टर कह रहे हैं कि लगता है यह पाकिस्तानी अस्पताल है।

विजय का भोर

आज विजय की सुबह है लेकिन जनरल नागरा आगे की योजनाओं में व्यस्त हैं। हेलीकॉप्टर में भी काग़ज़ों और नक्शों में डूबे हैं। फ्लाइंग ऑफ़िसर वर्मा के ठहाके जरूर लौट आये हैं। आज हेलीकॉप्टर तिल के पीले फूल वाले खेतों में नहीं उतरता। सीधे उस इमारत के अहाते में जहाँ उनका हेडक्वार्टर था, आज तो तमाम अहाते में पूरे जमालपुर और आसपास के क्षेत्रों में बिखरे हुए पाकिस्तानी हथियार, तोपें, गोला-बारूद लाकर जमा किया गया है और इतना फैलाव है उनका कि हेलीकॉप्टर उतारने के लिए मुश्किल से जगह मिल रही है। गोला-बारूद के बक्सों के ढेर पर ढेर, राइफलों की बेअन्त कतारें, मोर्टार तोपें एक लाइन में लगी हुईं। तरह-तरह की मशीनगनें। यह तो वे हैं जो अभी शहर में से लाकर रखी गयी हैं। खाइयों और बंकरों में कहाँ-कहाँ कितना अस्त्र-शस्त्र भरा पड़ा है, उसका अभी कोई हिसाब नहीं। हर मिनट मुक्तिवाहिनी के संरक्षण में ग्रामीण लोग कोई-न-कोई हथियार लादकर ला रहे हैं और लो अहाते की बाहर वाली सड़क पर हम एक बहुत ही भव्य दृश्य देखते हैं। कल सुबह जो सड़क सुनसान पड़ी थी, आज वह ठसाठस भीड़ से भरी है और भीड़ तीन धाराओं में बह रही है। बायीं ओर मुक्तिवाहिनी की एक लम्बी पंक्ति झण्डे और राइफलें लिये आगे जा रही है। बिल्कुल दायें एक प्रवाह बिल्कुल उल्टा है, लगभग 100-150 ग्रामवासी अपने कन्धों पर तोपों की नलियाँ, गोले, छोटी मशीनगनें, राइफलों के गट्ठर लादे एक लाइन में इस ओर चले आ रहे हैं। और इन दो धाराओं के मध्य में बीच सड़क

में हैं धक्का-मुक्की करते, कितने ही तमाशबीन, नागरिक जो स्वतन्त्रता में साँस लेने निकले हैं, और कभी उस पंक्ति और कभी इस पंक्ति के साथ नारा लगाने लगते हैं। इस फैले अहाते में केवल पाकिस्तानी शस्त्र ला-लाकर लोग जमा नहीं कर रहे, इधर-उधर से रजाकारों को भी मुक्तिवाहिनी के लोग गिरफ्तार करके ला रहे हैं और बीच-बीच में पाकिस्तानी सैनिकों द्वारा कल घायल हुए ग्रामवासियों को भी इलाज के लिए। जगह-जगह भारतीय सेना के अफ़सर बहुत व्यस्त हैं, कुछ इस सारे सामान की गिनती कराकर चार्ज ले रहे हैं, कुछ सारे हेडक्वार्टर के कमरों की तलाशियाँ लेकर उनके काग़ज़-पत्तर की जाँच कर रहे हैं। कुछ रजाकारों और युद्धबन्दियों की देखभाल कर रहे हैं। अभी तक जमालपुर के बड़े-बड़े बंकरों की और उनमें अस्त्र-शस्त्र की जाँच बाकी है। सहसा पास के एक बड़े बंकर के अन्दर कुछ हलचल होती है। एक जवान आकर बाहर बताता है कि बंकर अन्दर से बहुत गहरा है और

पाकिस्तानी जल्लाद हथियार डालने के वक़्त तक अपनी ख़ूनी हरकतों से बाज नहीं आये। गवाह हैं ढाका के बाहर पड़ी बुद्धिजीवियों की ये लाशें।

सामने के अस्त्र-शस्त्रों के ढेर के पीछे उसने देखा कि एक बहुत ख़ूबसूरत बिल्कुल नयी वायरलेस जीप फिर खड़ी है। और फिर तो कई लोग उत्साह में अन्दर दौड़ गये और क्षण भर में वह जीप ढकेलकर बाहर ले आयी गयी।

आगे की योजना

जनरल नागरा और ब्रिगेडियर क्लेर इस सारी हलचल से अलग एक ओर अपने सहायकों के साथ अब आगे बढ़ने की योजना बनाने में तल्लीन हैं। जमालपुर ले लेने के बाद अब ढाका तक सीधी सड़क है, किसी नदी को पार करने की झंझट नहीं है। बस, बीच में अभी तीन स्थानों पर दुश्मन की रक्षापंक्तियों को पार करना है। मधुपुर में, उसके बाद टंगाइल में और अन्त में जयदेवपुर में। जयदेवपुर को पार किया कि ढाका के द्वार पर। लेकिन दो समस्याएँ और हैं। एक तो यह कि मैमनसिंह तथा अन्य स्थानों में जो पाक सेनायें भागकर ढाका की ओर वापस जा रही हैं, वे अगर बीच में कहीं एक स्थान पर इकट्ठी हो गयीं तो काफ़ी सुदृढ़ मोर्चा बना लेंगी। और दूसरी समस्या यह है कि जब तक ब्रह्मपुत्र पर बड़ा पुल नहीं बन जाता, तब तक हमारी पूरी सेना तो उसी ओर रहेगी। वह एक बार इस ओर अपने सारे भारी ट्रकों, तोपखाने और तमाम भारी अस्त्र-शस्त्र के साथ ब्रह्मपुत्र पार कर ले तब तो ढाका तक सीधी पक्की सड़क है ही। पता लगता है जनरल रात भर इन्हीं दोनों समस्याओं के समाधान में लगे रहे हैं और इसीलिए सुबह हेलीकॉप्टर तक में बैठकर उन्हीं काग़ज़ों में उलझे हुए थे।

और एक आंशिक हल शायद उन्होंने रात को ही निकाल लिया था, क्योंकि उस पर अमल सुबह से ही शुरू हो गया था। हमने हवाई जहाज़ों की घरघराहट सुनी। "क्या ये मधुपुर में सार्टीज के लिए जा रहे हैं?" हमने किसी से पूछा। उत्तर मिलाः "मधुपुर? आप किस दुनिया में रह रहे हैं भाई साहब? मधुपुर तो कल शाम को ही हमारी सेना ने ले लिया!" सुबह ही वे टुकड़ियाँ मधुपुर के लिए रवाना हो रही थीं, जब हम ले. कर्नल ब्रार से इस युद्ध की विस्तृत रिपोर्ट ले रहे थे। शाम तक वे वहाँ पहुँचीं और मधुपुर जीतकर अब टंगाइल की ओर बढ़ रही हैं। तब ये जहाज़? ये पैराड्रॉपर जहाज़ हैं। इनमें हमारे पैराड्रॉपर सैनिक हैं। इन्हें मैमनसिंह और मधुपरु, मधुपुर और टंगाइल तथा टंगाइल और जयदेवपुर के बीच में उतारा जा रहा है ताकि ये भागने वाली पाक सेनाओं को बीच में ही धर पकड़ें और उन्हें किसी एक बिन्दु पर न इकट्ठा होने दें और न ढाका पहुँचने दें।

हर जगह भागती हुई बची-खुची पाकिस्तानी सेनायें अपने को आगे-पीछे दोनों ओर से घिरा हुआ पायेंगी। आगे से हमारी स्थल मार्ग से बढ़ती हुई टुकड़ियाँ उन पर आक्रमण करेंगी और पीछे से ये पैराशूट से उतारी हुई टुकड़ियाँ। और इस बीच में हमारी सेना के मुख्य बड़े स्तम्भ को ब्रह्मपुत्र को पार कराकर इधर लाने का सरंजाम किया जायेगा और फिर सब मिलकर ढाका की ओर बढ़ेंगे। इस बीच में दायें और बायें से ढाका की ओर पहुँचती हुई सेना उन पर दबाव डालती रहेगी। शत्रु के सामने दक्षिण की ओर भागने के अलावा कोई चारा नहीं है। लेकिन दक्षिण की ओर हमारी नौसेना ने समुद्री घेराव कर रखा है और जनरल मानिक शा ने वह मर्यादा और सैनिक सम्मान भरा स्पष्ट सन्देश राव फ़रमान अली और जनरल नियाज़ी को भेजा है कि "स्थल, आकाश और समुद्र का रास्ता बन्द कर दिया गया है। भारत व्यर्थ का रक्तपात नहीं चाहता, पाकिस्तानी सेनायें वक़्त रहते समर्पण कर दें अन्यथा..."

बाहर लोगों को समझ में नहीं आ रहा कि अब भी ढाका में पाकिस्तानी सेनायें समर्पण में देर क्यों लगा रही हैं? लेकिन वास्तविक बात यह है कि अब भी मैमनसिंह, रंगपुर, दिनाजपुर, जमालपुर और टंगाइल से भागकर पीछे हटने वाली पाक सेनाओं का इन्तज़ार हो रहा है ताकि शायद ढाका में फिर जमकर अन्तिम बार मुक़ाबला करके तब तक विलम्ब करें, जब तक पाकिस्तान के जंगखोर दोस्त उसके भाग निकलने का कोई साधन न जुटा लें। इसीलिए भारतीय सेना इन पीछे हटती शत्रु सेनाओं को ढाका पहुँचने के पहले ही घेर ले और उन्हें हराकर स्वयं उत्तर से भी ढाका पहुँच जाये, तभी शत्रु की अन्तिम आशा समाप्त की जायेगी और तभी ढाका का पतन होगा, यह बात यहाँ की सारी परिस्थिति देखकर ही समझ में आ जाती है।

अहाते में आज सब भारतीय सेना के अपरिचित अफ़सर और जवान दिख रहे हैं। ये उन टुकड़ियों के लोग हैं जो हमारे बख़्शीगंज पहुँचने के पहले ही आगे बढ़कर ब्रह्मपुत्र पार कर जमालपुर के पीछे आ डटे थे। मेजर एम.पी. सिंह, कैप्टन सी. आइजन, कैप्टन शशि हजरनवीस, कैप्टन एस. गोखले, कैप्टन एम. सी. श्राफ, कैप्टन ए. छिब्बर कितने ही लोग। उन्हीं में एक भव्य, लहीम-शहीम लेकिन बहुत मृदुभाषी व्यक्तित्व है, मेजर मलहोत्रा। उनका स्टील का टोप, जंगल जर्किन और भरा गोल चेहरा। वे आकर बताते हैं कि बम्बई के प्रख्यात अभिनेता धर्मेन्द्र उनके चचेरे भाई हैं।

अवशेषों का आयीना

और सहसा मेरा ध्यान जाता है एक इमारत के पिछवाड़े लगे काग़ज़ के एक बहुत बड़े ढेर पर। फाइलें, किताबें, छपे हुए फॉर्म, पत्र-व्यवहार, पुराने पर्चे और रिसाले, यह क्या है? मालूम होता है पाकिस्तानी फौज के दफ्तर के सारे काग़ज़-पत्र जाँचे जा रहे हैं, जाते हुए उन्होंने बहुत कुछ जलाया है और शेष बचे काग़ज़ों का यह ढेर इधर छोड़ गये हैं। मेरा कुतूहल जाग जाता है। मैं बमवर्षा से ध्वस्त खिड़कियों के पैने-नुकीले काँच के टुकड़ों, पलस्तर के टुकडों और फैले हुए मोर्टार शेलों और मशीनगन की गोलियों की पेटियों पर धीरे-धीरे पाँव रखता उन काग़ज़ों

मोर्चे की ओर और आगे : **मुक्तिसैनिक और भारतीय जवान। जीप पर फहराता हुआ बांग्लादेश का सुनहरा ध्वज।**

की ढेरी के पास बैठकर अभ्यस्त कबाड़ी की तरह उनकी जाँच करने लगता हूँ। हफ्तों बाद वह दुखभरा सुखद कार्य करना पड़ रहा है, जो वर्षों से रोज बम्बई में सम्पादक के रूप में करना पड़ता है यानी ढेरों ढेर अनुपयोगी काग़ज़ों में से छान-बीनकर काम की चीज निकालना। स्वाभाविक है कि रंगीन काग़ज़ पहले ध्यान आकर्षित करते हैं। एक पूरा बण्डल है नीचे चिकने काग़ज़ों पर छपे पाकिस्तान के फौजी अन्तर्देशीय पत्रों का। इन पर वे अपने परिवार वालों को क्या लिखते रहे होंगे? बाँग्लादेश में वे क्या कर रहे हैं और किस परिस्थिति में अपने को पा रहे हैं, इसका सच्चा हाल लिख पाते होंगे? कुछ ही दिनों पहले ईद थी। कई ईद के रंगीन ग्रीटिंग कार्ड किसी से पढ़वाता हूँ तो पता चलता है कि उसकी मँझली बेटी ने भेजा है। माँ तथा दोनों बहनों की ओर से शुभकामनाएँ और जल्दी से हिन्दोस्तान को फतह कर घर लौटने का आग्रह। हिन्दोस्तान को फतह? लेकिन जब ईद पड़ी थी, तब तो हिन्दोस्तान से युद्ध भी नहीं शुरू हुआ था? याहिया खाँ ने पाकिस्तान के लोगों को कैसे भ्रम में रख छोड़ा था। कई किताबें उठाकर देखता हूँ। 31-बलूच रेजीमेंट के अफ़सर क्या पढ़ते थे? कुछ अंग्रेज़ी के सस्ते सेक्सी और जासूसी उपन्यास हैं, कुछ उर्दू की किताबें और बहुत-सी छिटपुट पत्रिकाएँ। कुछ चीनी कम्युनिज्म की प्रचार-पत्रिकाएँ जो शायद मुफ्त आती रही होंगी, कुछ उर्दू के रिसाले जिनमें पाकिस्तानी फ़िल्मी तारिकाओं की भोंड़ी तस्वीरें छपी थीं। कहीं एक टाइम साप्ताहिक की बहुत पुरानी प्रति भी दीखती है और एक जगह एक रंगीन टूरिस्ट पत्रिका किसी पूर्व यूरोपीय देश की।

और अब मैं कमरों के अन्दर उनकी खुली अस्त-व्यस्त अलमारियों और बरामदे में बिखरे हुए अधखुले सन्दूकों पर नज़र डाल रहा हूँ और सहसा एक काठ के सन्दूक के खुले ढकने पर नज़र जाती है। उसमें अन्दर की ओर पाकिस्तानी और कुछ विदेशी पत्रिकाओं से काटकर रूपसियों और पिन अप मॉडलों के उत्तेजक चित्र चिपकाए हुए हैं। सन्दूक में फौजी वर्दियों के बीच में कुछ उर्दू के लेबिल वाली दवा की शीशियाँ और पुड़ियाँ रखी हुई हैं। नीचे बिछा है एक काग़ज़ का पोस्टर जिस पर छपा है 'क्रश इण्डिया'। ये पोस्टर हमने जमालपुर की दीवारों पर भी कई जगह देखे हैं।

एक और बड़ा-सा कमरा है, बिना फर्नीचर का। एक खिड़की खुली है बाकी बन्द। वह कमरा शायद स्टोर रहा होगा क्योंकि एक ओर दो-तीन आटे की बोरियाँ रखी हैं, कुछ पाउडर मिल्क के पैकेट, एक कोने में फेंके गये सिगरेट के खाली पैकेट, बिखरी हुई दियासलाइयाँ और यह क्या है। एक मैली लाल रंग की

फटी हुई सूती साड़ी—लगता है यह स्टोर का कमरा और किसी काम भी आता था क्योंकि एक कोने में कई ऐसी चीजें भी पड़ी हैं जिन्हें देखकर उबकाई आती है। उसके पास ही कई खाली बोतलें फर्श पर पड़ी हैं।

पैशाचिक कृत्य

और झटके से दिमाग़ में घूम जाती हैं बाँग्लादेश में जगह-जगह पर सुनी उनके पैशाचिक कृत्यों की लोमहर्षक गाथाएँ। कैसे उन्होंने गोद से बच्चों को छीनकर अलग फेंक दिया और असहाय चीखती माँ पर बलात्कार किया और चलते-चलते दोनों को संगीनें भोंक दीं? कैसे उनके बंकरों में स्त्रियाँ मिलीं जिन्हें वे पकड़ लाये थे? उन्हें हफ्तों निर्वस्त्र रखकर उन्हीं से सफाई और पकाने का काम भी लेते थे और उन्हीं से अपनी जघन्य लिप्सा भी तृप्त करते थे। ऐसी अनेक स्त्रियों को जब भारतीय सेना ने मुक्त कराया तो पाया कि न केवल उनके शरीर पर स्थान-स्थान पर संगीनें भोंकने या जलाने के दाग़ हैं वरन् उनकी संज्ञा शक्ति भी जाती रही है, वे विक्षिप्त हो चुकी हैं। दो-तीन दिन पहले शाम को शेरपुर के बाज़ार में घूमते-घूमते कितने ही लोग आकर सहसा हाथ पकड़ लेते थे और जो भयानक हादसे सुनाने लगते थे, उनमें अनेक तो ऐसे अमानुषिक थे, इतने भयानक कि लिखना तो दूर उन्हें याद करके मन काँप जाता है। और फिर दिमाग़ के आगे घूम जाता है। उस दिन सुबह मुक्तिवाहिनी द्वारा पकड़ कर लाये गये थे उन रजाकारों का दृश्य—जो एक दिन पहले तक गाँवों से पकड़-पकड़कर औरतें पहुँचाते थे, इन वहशियों के पास जमालपुर में।

उस कमरे में मैं देर तक नहीं खड़ा रह पाता। जाने क्या है उस कमरे की हवा में कि साँस लेना तक दूभर लगता है। वह सवाल हजार गुना तीखा होकर फिर दिमाग़ में घुमड़ने लगता है। वह क्या है, वह क्या है, वह क्या है जिसने इनको इस कदर पाशविक बना दिया?

और फिर यह कल्पना कि ये जो सत्ता और हथियार पाकर इस कदर अमानुषिक बन गये थे, अपने निजी जीवन में पिता भी थे, पति भी! उनकी बेटी उन्हें त्योहार पर ग्रीटिंग भी भेजती थी और अनेक अपने घर-परिवार की याद भी करते थे, लाहौर की, रावलपिण्डी की, क्वेटा की, पेशावर की! काश! इनकी विचार-प्रक्रिया में पैठकर जान पाता कि वह कौन-सा ज़हर था? वे कौन-सा ज़हर पिला-पिलाकर पाले गये थे कि उनके अन्दर अन्तरात्मा नाम की कोई चीज नहीं बच रही थी?

हज़ार रुपये रोज़ की वसूली

मेजर बामी और बलबीर सिंह एक जीप पर आ रहे थे। हमें देखते ही जीप रोककर बिठा लिया। "चलो हम लोग जमालपुर महाविद्यालय चल रहे हैं, वहाँ जनरल और ब्रिगेडियर का स्वागत करने के लिए एक जनसभा का आयोजन है। आप लोग वहाँ पहले पहुँच जायें तो स्थानीय लोगों से अनेक 'स्टोरीज' मिलेंगी।" हम वहाँ पहुँच गये हैं। हॉल में मेज़-कुर्सियाँ-गुलदस्ते सजे हैं और लोग इकट्ठे हो रहे हैं। हमें देखते ही जय बाँग्ला, जय हिन्द के नारे लगते हैं और फिर अबू यूसुफ़, स्थानीय सिविल-अफ़सरों से हमारा परिचय कराते हैं। पाकिस्तान स्टेट बैंक का मैनेजर, डिस्ट्रिक्ट मैजिस्ट्रेट, सिविल जज, रेवेन्यू और ट्रेजरी ऑफ़िसर यहाँ तक कि अपनी वर्दी पेटी से लैस शहर कोतवाल भी। उन्हीं में एक जवान सानफीस छोटी-सी दाढ़ी वाला ऑफ़िसर है जो आकर हँसते हुए हमसे हाथ मिलाता है—"मुबारक हो! सुना है उस दिन की फायरिंग में आप ही लोग फँस गये थे।" मालूम हुआ कि नदी किनारे अपने मकान की खिड़की से वह फायरिंग देख रहा था। और फिर तो परसों शाम तक के उनके राज़ के कितने ही किस्से। अब जमालपुर की हालत क्या है, इस युद्धग्रस्त नगर को सामान्य व्यवस्था में आने में कितनी देर लगेगी? मालूम होता है कि भारतीय बमवर्षकों का निशाना इतना सच्चा था कि शहर का कोई नुकसान नहीं हुआ है। ट्रेजरी सुरक्षित बच गयी है

विजयी जवानों की वापसी।

और कल सुबह से ही मुक्तिवाहिनी का पहरा इतना कड़ा है कि लूटपाट, चोरी, दंगा, फसाद बिल्कुल बन्द है। "लेकिन साहब, वह छोटा मकान जो छावनी के पास तीन दिन पहले बमबार्ड हुआ, वह इस गरीब का है।" बलबीर सिंह प्रतिवाद करते हैं—लेकिन वह मकान तो सिविलियन नहीं था। उसमें पाकिस्तानी आर्मी थी—"आपकी खबर बिल्कुल सही है।" वह जवान सिविलियन अफ़सर हँसकर कहता है—"पता नहीं आपके जहाज़ों को जमालपुर के अन्दर की इतनी राई-रत्ती सही-सही खबर कैसे थी? मकान मेरा था लेकिन मकान मुझसे छीन लिया था उन्होंने। उसमें भी 31-बलूच रेजीमेंट के ही लोग भरे थे। मैं तो खुद ही अर्ज कर रहा हूँ कि सिविलियन प्रॉपर्टी को कहीं कोई नुकसान नहीं पहुँचा। शहर के लोग तो इस मामले में इतने मुतमइन थे कि अपने घरों में सारे मालमत्ता को ताला लगाकर गाँवों में चले गये थे। आज देखिये, इण्डियन आर्मी आ गयी है तो बर्तन, बिस्तरा भैंसगाड़ियों पर लादकर लौट रहे हैं।" "आपको मकान का कुछ मुआवज़ा दिया उन्होंने?" "जी हाँ, जान बख़्श दी और एक दिन एक माछली भी भेजा। वह कर्नल साहब सुलतान महमूद वैसे तो दीन-ईमान का कायल था। क़ुरान शरीफ़ अपने साथ रखता था लेकिन 1000 रुपया रोज शहर से टैक्स वसूलता था—पिछले एक महीने से रोज। लेकिन जिस दिन रुपया नहीं इकट्ठा हो पाता था, उस दिन ये लोग हमको भेजते थे कि तुम्हीं जाकर कहो—मैं जाकर पहले उसको जोक वगैरह सुनाता था, माफ़ कीजियेगा साहब करना पड़ता था—इण्डिया का बुराई करता था फिर कहता था कि रुपये का इन्तज़ाम आज नहीं हुआ।" "और क्या वह औरतों वाली बात सही है?" मैं पूछता हूँ। अब वह अचकचाकर चुप हो जाता है और एक दूसरा अधेड़ अफ़सर कहता है—"जितना आपने सुना है, उससे भी ज्यादा हम लोग रोज दुआ करते थे कि रजाकार लोग दो औरत गाँव से लाकर उनको दे दें नहीं तो वो जमालपुर में दंगा मचायेगा। अप्रैल, मई में जमालपुर में बहुत आफ़त किया था—पाकिस्तानी आर्मी जन ने।" "यह ज़ैदी कैसा था?" लेफ्टिनेंट ज़ैदी के बारे में मैं पूछता हूँ, जो कल पकड़ा गया। मुझे बिल्कुल दूसरी रिपोर्ट मिलती है। ज़ैदी तुनकमिज़ाज़ जरूर है लेकिन सिविलियन लोगों के साथ उसने कोई बदसलूकी नहीं की। लेकिन मेजर फज्ले अकबर लोगो को सताता था। एक बार वह शायद ढाका को ट्रंक-कॉल करना चाह रहा था या कराची को। कई घण्टे तक कॉल नहीं मिल पायी तो टेलीफोन एक्सचेंज के दफ्तर में आया और ऑपरेटर्स को अपने आदमियों से बुरी तरह पिटवाया।

'मिंटू होता, आज मिंटू होता!'

नारे बहुत जोर से लगने लगे हैं। कॉलेज के प्रांगण में मुक्तिवाहिनी और स्थानीय नागरिकों की इतनी भीड़ भर गयी है कि मेज़ लाकर बाहर लगा दी जाती है। जनरल आने वाले हैं। लोग तरह-तरह की मालायें लेकर खड़े हैं कि कौन सबसे पहले पहनाये। उनकी जीप आते ही तहलका मच जाता है और फिर वही स्वागत का मार्मिक दृश्य जो शेरपुर में देखा था। और सहसा एक और घटना घटती है। एक बूढ़ा जो सफेद माला लिये सफेद कुर्ता-पाजामा पहने खड़ा था, जनरल के पास आता है, जेब से एक फोटो निकालता है—"जनरल साहब! यह देखिये, यह मेरा मिंटू है!" रुँधे गले से चीखता है—"मेरा मिंटू, मेरा बेटा, उसे इन काफ़िर पाकिस्तानियों ने मार डाला—मिंटू, मेरा मिंटू!" जनरल उसे गले से लगाकर सांत्वना देते हैं तो वह रो पड़ता है—"मिंटू आज होता, आज मिंटू होता जनरल साहब, आज मिंटू होता तो..." और फिर उसका गला रुँध आता है। जनरल नागरा सारी भीड़ को छोड़कर उससे बहुत हमदर्दी से बातें करते हैं तो वह बताता है कि अप्रैल में इनका जुलम मिंटू से बर्दाश्त नहीं हुआ तो वह भूटान भाग गया कि कहीं से हथियार लाये, मुक्तिवाहिनी बनाये। लेकिन हथियार नहीं मिला, लौट आया।

'आज मिंटू होता!' एम.यू. अहमद और विधवा बहू की तस्वीर जनरल नागरा के हाथों में। अहमद की बूढ़ी आँखें शून्य में क्या खोज रही हैं?

उसका एक दोस्त था दीवान पाड़ा एस.डी.ओ., उसने दगा किया। पाकिस्तानी को सब बतला दिया। बस उन्होंने उसे 4 मई को बुलाकर शूट कर दिया। "ये सफेद माला उसकी विधवा ने भेजा है जनरल साहब, ये माला नहीं है मिंटू की विधवा का अश्रुमाला है।" और माला पहनाकर वह छाती पर हाथ रखकर ठण्डी साँस लेता है—"आज हमारा छाती जुड़ाय गया। आज हमारा बेटा हमको मिल गया।" और वह ऊपर हाथ उठा-उठाकर जनरल नागरा को दुआयें दे रहा है। बूढ़े का नाम है एम.यू. अहमद। मिंटू के तीन छोटे बच्चे हैं।

भीड़ का शोर, जय-ध्वनियाँ, नारे सब पर मिंटू की तस्वीर छा गयी है—मिंटू होता, आज मिंटू होता...

जय भारतेर पंजाब!

ब्रह्मपुत्र के किनारे पर अकस्मात् हलचल हो उठी है। जनरल ने जनता से प्रार्थना की है कि हमारी कुछ टुकड़ियाँ और उनका सामान ब्रह्मपुत्र के इस पार आना जरूरी है और जमालपुर तथा आसपास जितने नाववाले हों तुरन्त घाट पर आ जायें। और तुरन्त उनको इस पार लाना शुरू कर दें। सेना सबको समुचित मेहनताना देगी लेकिन मेहनताने की उतनी बात नहीं। जनरल के एक वाक्य पर जाने कहाँ-कहाँ से नावें आकर इकट्ठा हो रही हैं। और कई दिनों बाद अकस्मात् मेजर वधवा हमें दीखते हैं। वही मुस्कान, वही चुस्ती, वही घण्टियों की तरह टनटनाती आवाज़। ब्रह्मपुत्र अब सेतु-बन्धन के लिए उपलब्ध है और अब उनका काम शुरू हो रहा है। बेहद व्यस्त होने पर भी यह पूछना नहीं भूलते कि उनकी अनुपस्थिति में हमारे खाने-पीने, रहने, सोने का इन्तज़ाम तो ठीक रहा न? मेजर वधवा कैप्टन त्रिपाठी से लेकर उच्चतम जनरल तक हमारी सेना में कितने प्यारे दिलवाले लोग हैं, इसका अनुभव भी क्या कभी था हमें?

जनरल को लेकर हेलीकॉप्टर कहीं जा रहा है, अतः हमें आदेश है कि हम थोड़ी देर घूम-घामकर आवश्यक चित्र लेकर आज नाव से ही ब्रह्मपुत्र पार कर शेरपुर लौटें। जीप पर लौटते हुए जनरल देखते हैं कि एक सिपाही रिक्शे पर कुछ जरूरी सामान लादकर ला रहा है। वे तुरन्त जीप रुकवाकर उतरते हैं। सिपाही को ताक़ीद करते हैं कि कोई कितना ही कहे लेकिन हरेक को उसका मेहनताना या चीज की कीमत बिना दिये कुछ न लिया जाये। ये लोग इण्डियन आर्मी के लिए जान बिछाने को तैयार हैं। जब मुक्तिवाहिनी के सैनिक बंगाली

में उन्हें बहुत-बहुत समझाते हैं, तभी वे पैसा लेने को तैयार होते हैं। जिस स्कूल की इमारत में कल जमालपुर में आते ही गये थे, वहाँ सिख सैनिकों की एक टुकड़ी अस्त्र-शस्त्र बटोरकर उनकी गिनती कर रही है। जनरल नागरा फिर उतरते हैं और अपने सैनिकों के बीच जाकर उनकी बहादुरी के लिए उनको शाबाशी देते हैं। बंगाली जनता पर पाकिस्तानी पंजाबी सिपाही ने जो जुल्म किया, लेकिन भारतीय सिख सिपाही ने जितनी बहादुरी और मर्यादित व्यवहार बंगाल में किया, उससे हर भारतीय का माथा ऊँचा है। उम्मीद है कि जल्दी हम ढाका पहुँचेंगे और ढाका को भी इस ज़ालिम हुकूमत से आज़ाद कराएँगे। सिपाही जोश से नारा लगाते हैं : "जो बोले सो निहाल! सत श्री अकाल!" और इस नारे के साथ ही सड़क पर खड़े मुक्तिवाहिनी के सैनिक नारा लगाते हैं : "जय बाँग्ला" और लीजिए उनका नायक दूसरा नारा लगता है : "जय पंजाब!" इस बार प्रत्युत्तर कुछ धीमा है, नायक अपनी गलती सुधारता है : "जय भारतेर पंजाब!" और गगनभेदी नारा उठता है : "जय भारतेर पंजाब!" मेजर बलबीर सिंह हमारी ओर देखकर मुस्कुराने लगते हैं।

ठण्डा लोहा! ठण्डा लोहा!!

हम वापस उस इंस्टीट्यूट में पहुँचते हैं तो दो ख़बरें मिलती हैं। एक तो यह कि ले. कर्नल सुलतान महमूद पकड़ लिया गया है। ज़ख़्मी है और मरहम-पट्टी के लिए उसे भेज दिया गया है। और दूसरी खबर और भी दिलचस्प है। वह रिकॉयललेस गन जिससे हम पर फायरिंग हुई थी, ढूँढ़ ली गयी है और सामने वह खड़ी हैं। हम कुतूहलवश दौड़कर जाते हैं। वैसी कीचड़ पुती हुई जीप पर चढ़ाई हुई वह गन। उसे देखते हैं। पास जाकर मुझसे नहीं रहा जाता। उसको छूता हूँ। ठण्डा लोहा। "ठण्डा लोहा! ठण्डा लोहा!! ठण्डा लोहा!!!" अपनी एक बहुत पुरानी कविता की पंक्ति इस वक़्त क्यों याद आती है। तब क्या मालूम था कि जीवित मृत्यु का यह संस्पर्श, ठण्डे लोहे की यह सिहरन भरी छुवन ऐसी होगी। एक घातक पाकिस्तानी एण्टी-टैंक तोप के रूप में?

बहुत उत्सुकता से देखता हूँ कि तोप कहाँ की है। मार्किंग से मालूम होता है कि तोप अमेरिका की है। हाय! सर्वशक्तिमान अणु गुणसम्पन्न अमेरिका की एक एंटी-टैंक रिकॉयललेस गन एक हाड़-मांस के साधारण से पत्रकार को भी न मार सकी। शिकारी जब शेर को मरते हैं तो उसके साथ बन्दूक लेकर फोटो खिचाते हैं। लेकिन अगर शेर ज़िन्दा बच जाये और बन्दूक के साथ अपनी फोटो खिंचाये तो कैसा लगे? कुछ-कुछ वैसा ही लगता है मुझे।

ब्रह्मपुत्र पर सेतुबन्ध

नाव से शेरपुर वापस जाने के लिए हम ब्रह्मपुत्र घाट पर खड़े हैं। कल भी सुबह जमालपुर के पतन के तुरन्त बाद ब्रह्मपुत्र के इसी घाट पर आये थे, सुनसान घाट, जहाँ से हमने उस पार फायरिंग झेलने का स्थान देखा था, कैसी मौत की छाया उस समय पूरे ब्रह्मपुत्र पर छायी थी। आज आलम दूसरा है। रौनक है। जनरल नागरा के सुझाव के बाद जाने कहाँ-कहाँ से आकर नावें दोनों किनारे पर लग गयी हैं और जाने कहाँ-कहाँ से नावें चली आ रही हैं। लोग नावों पर

ब्रह्मपुत्र पर हमारी सेना बेड़े बनाने और पुल बाँधने की तैयारी करती हुई।

आर-पार आ-जा रहे हैं। नागरिक, मुक्तिवाहिनी, भारतीय सेना, उस पार हमारी इंजीनियरिंग यूनिट की कितनी ही फौजी ट्रकें कतार बाँधकर आकर खड़ी हो गयी हैं जिनसे सामान उतारा जा रहा है।

हम एक छोटी-सी नाव पर बैठते हैं। पानी हरापन लिये नीला है। ब्रह्मपुत्र को गोहाटी के पास कामाख्या मन्दिर की पहाड़ी पर से सितम्बर में देखा था। विराट नद, मटमैला पानी, विस्तार इतना कि भय पैदा करे। लेकिन यहाँ ब्रह्मपुत्र ग्राम हरिणी की तरह है, पतली चंचल। धूप में कितनी सुहावनी लग रही है, चहल-पहल भरी। कल तक जो दुर्भेद्य गुत्थी की तरह थी, आज स्वागत की बाँहों की तरह फैली है।

हम उस किनारे पहुँचते हैं। ट्रकों पर से इंजीनियरिंग यूनिट का सामान उतर रहा है। इंजीनियरिंग यूनिट के तमाम वे चेहरे, जो तीन-चार दिन से अदृश्य थे, फिर यहाँ दीख जाते हैं, मेजर पोंग्शे भी। बड़ी हार्दिकता से 'हेलो' कहकर अपने काम में लग जाते हैं। किसी को फ़ुर्सत नहीं। कुछ पीछे की यूनिटों से ढोकर सामान ला रहे हैं, कुछ सामान उतरवाकर सहेज रहे हैं, कुद आये हुए सामान को नदी किनारे पहुँचा रहे हैं, कुछ ज़मीन हमवार करवा रहे हैं, कुछ हमवार ज़मीन पर सामान से निर्माण प्रारम्भ कर चुके हैं। ब्रह्मपुत्र का सहज ग्राम-सौन्दर्य इस स्वातन्त्र्य सेतु अभियान के सैनिक रंग से मिलकर अजीव समाँ बाँध रहा है, हम ठिठकते हैं पर कोई सैनिक इंजीनियरिंग मित्र सलाह देता है कि अभी नहीं, शाम को इधर आइयेगा, तब तक हम लोग कुछ काम कर लेंगे, तब देखियेगा यह नज्जारा!

दिन को शेरपुर पहुँचे हैं, आज हमारा गोविन्दचन्द्र इंस्टीट्यूशन बिल्कुल सूना हो गया है। यहाँ तक कि कैप्टन डॉ. त्रिपाठी तक का कमरा खाली है। वे घायलों की शुश्रूषा में व्यस्त हैं और शायद वहीं उन्होंने अपना डेरा जमा लिया है। इधर के कमरे में कुछ इंजीनियर टिके थे। उनके बिस्तरे भी बँधे हुए रखे हैं, सिर्फ़ उनके दो बैटमैन बैठे हैं। बिस्तरे कल दोपहर से बँधे रखे हैं क्योंकि उनके अफ़सर जहाँ ड्यूटी पर गये थे, वहाँ शायद रात भर काम में लगे रहे और अभी तक नहीं लौटे हैं।

शेरपुर अब छोड़ना होगा। जाने क्यों इस साफ-सुथरे छोटे-से कस्बे से मोह होने लगा है। सितम्बर से अब तक कितनी जगह बाँग्लादेश में हो आये पर यह मोह या तो तेंतुलिया में हवलदार अब्दुलबारी की चौकी से हुआ था या

शेरपुर से हो रहा है। यहाँ की साफ-सुथरी सड़कें, यहाँ के बेहद ममता भरे लोग, स्वातन्त्र्य-विजय की सुबह का निर्बाध उल्लास, जनरल का उतरता हेलीकॉप्टर, जयघोष, ब्रह्मपुत्र के प्रथम दर्शन, फायरिंग की घटना, आर्टिलरी यूनिट के पास छाया में बैठकर चाय और ठहाके, सब मन में अजीब बिछोह की पीड़ा-सी जगा रहे हैं। खाने के बाद दोपहर का आराम छोड़कर मैं उठ जाता हूँ और टहलता हुआ उधर चला जाता हूँ, जहाँ जनरल नागरा का अस्थायी दफ्तर और मेस है। वहाँ अभी भी काफ़ी चहल-पहल है। आफ़िसर्स मेस में कुछ अफ़सर बैठे हैं, जो चाय पर हमारा स्वागत करते हैं, लतीफ़ेबाजियाँ होती हैं। ब्रह्मपुत्र का अवरोध सबके मन पर एक बोझ था जो उतर गया है। जमालपुर का मोर्चा सर हो गया, अब ढाका तक कोई बड़ा अवरोध नहीं।

भारतीय जवानों को रसद पहुँचाते हुए मुक्तिवाहिनी के बहादुर शूरमा।

भारत का तेजस्वी स्वर

पाकिस्तानी सैनिक कैदी पीछेवाली इमारत में हैं। उधर टहलता हुआ जाता हूँ। खिड़की पर क़ैदी खड़ा है। मुझे देखकर हँसकर अभिवादन करता है। कुछ कैदी नीचे उतरकर पहरे में कहीं जा रहे हैं। मैं देखता हूँ। वे ट्रक पर लद रहे हैं। बख़्शीगंज में शत्रु के तमाम अस्त्र-शस्त्र का चार्ज जिन बॉर्डर सिक्योरिटी फोर्स के लोगों के हाथ में था वे लोग यहाँ दीख रहे हैं। मालूम होता है कि वे युद्ध बन्दियों को ले जाने के लिए आये हैं। उनके ऑफ़िसर के हाथ में ट्रांजिस्टर है। एक परिचित-सी आवाज़ सुन पड़ती है। अरे ये तो इन्दिरा जी की आवाज़ है। मालूम हुआ कि आज ही उन्होंने रामलीला मैदान में एक महत्त्वपूर्ण भाषण दिया है। उसी की रिकॉर्डिंग प्रसारित हो रही है। जिन्होंने 12 दिसम्बर को दिया हुआ उनका रामलीला मैदान का भाषण सुना है, वे उसकी तेजस्विता से परिचित हैं। लेकिन घर से हजारों मील दूर, युद्ध-क्षेत्र के सबसे गहन स्थल पर सैनिकों के बीच, उनके साथ जीप के मडगार्ड पर बैठकर उस भाषण को सुनने का रोमांच कैसा रहा होगा, इसकी कल्पना आप नहीं कर सकते। पाकिस्तानी, अमरीकी, चीनी फासिस्ट त्रिकोण के बावजूद अपने देश का स्वर इतना तेजस्वी है, यह कितना-कितना बल दे जाता है वहाँ। एक नया अर्थ, एक नया उत्साह। उस दिन शिलांग में आधी रात उनका भाषण सुना था, इमर्जेंसी की घोषणा करते हुए एक-एक वाक्य रुक-रुककर, लेकिन आज उनकी वाणी में निर्बाध प्रवाह है, चुनौती स्वीकारने का बल और गोरी सरकारों के षड्यन्त्र के समक्ष भारत की नियति को पहचानने और उसका साक्षात्कार करने का दृढ़ निश्चय।

भाषण ख़त्म हो गया है और जीप के बोनट पर मैं बैठा हुआ हूँ। हमारे सैनिकों की चहल-पहल, युद्धबन्दियों की आवाज़ाही, मेस के टेलीफोन पर अफ़सरों की चीख-चीखकर रीयर क्वार्टर्स से बातचीत, दो-दो, तीन-तीन टन वाली फौजी ट्रकों की घरघराहट, इन तमाम आवाज़ों के बीच एक और आवाज़ है, धान की बालियों के बीच हँसिए की खप-खप। इस सारे सैनिक दृश्य के बिल्कुल बगल में खेत हैं और कहीं-कहीं तो खेत इनके बीच में चले आये हैं और खेतों के बीच में खाली जगहों में फौजी ट्रक या तम्बू। लेकिन किसान निश्चिन्तता से छावनियों के बीच अपने खेत में पकी फसलें काटने में जुटे हुए हैं। ब्रह्मपुत्र के तट की यह मिट्टी कितनी उपजाऊ है। मैं उस साँवले से अधेड़ किसान और उसके दोनों सहायक

छोकरों को देखता हूँ, दूर पर उनके घर की दो औरतों बालियाँ तोड़-तोड़कर अलग रख रही हैं। सिन्ध, गंगा, ब्रह्मपुत्र! संसार की सर्वप्रथम महान संस्कृति की प्रवाह धाराएँ। हिमालय की पुत्रियाँ। जाने किस प्रागैतिहासिक काल में चट्टानों से दुर्द्धर्ष संघर्ष करते हुए जो मिट्टी बहाकर लायी हैं, उसी की परतों ने वह धरती बनाई, जो संसार की महानतम सभ्यता की जननी बनी। जो जीवन इन नदियों की घाटी पर पनपा, वह जीवन बहुआयामी था। उसने ज्योतिष गणना के सहारे आकाश को थाहा, नदियों, पर्वतों को एक नये आन्तरिक अर्थ दिये, वनों में बैठकर आरण्यकों की रचना की, समुद्रों को पार कर द्वीप-द्वीपान्तर में जीवन के नये सांस्कृतिक आयामों का विस्तार किया। मनुष्य की आन्तरिकता की अभिव्यक्ति के हर माध्यम को पूर्णता तक पहुँचाया—वह चाहे भाषा, व्याकरण और लिपि हो; चाहे स्वर, नाद और राग हो, चाहे रेखा, रंग और आकृति हो। जीवन जीने की पूरी पद्धति एक कलात्मक पूर्णता तक पहुँचा दी गयी, वेशभूषा हो या भवन-निर्माण, छप्पन व्यंजनों का भोग हो या पान का बीड़ा सजाना, माला गूथना हो या केश-सज्जा, ब्रह्म जीव का सम्बन्ध हो या नर-नारी का प्रणय सम्बन्ध। और यह सारी जीवनोपलब्धि जिस एक आधार पर स्थित थी, वह था यही सिन्ध, गंगा, ब्रह्मपुत्र की घाटी का सीधा-सादा किसान। और जब भी एक अपेक्षाकृत सभ्य सुसंस्कृत मानवीयता को प्रतिष्ठित करने वाले समृद्ध क्षेत्र पर बर्बर, असंस्कृत मानवीयता से रहित लुटेरों ने हमला किया, तब तब इसी किसान को सबसे भयानक दमन झेलना पड़ा। रौंदे हुए खेत, जले हुए गाँव, पोखरों में लाशें, भालों की या बेयोनेट की नोकों पर टँगे हुए बच्चे, बलात्कार से क्षत-विक्षत वधुएँ और कन्याएँ और सामूहिक क़त्लेआम, हर बार अपेक्षाकृत बर्बर हमलावरों ने इसी किसान की छाती पर यह रक्त-गाथा लिखी है। यही नहीं, इन किसानों को, शिल्पियों को, कामगारों को जो सभ्यता की नींव को पुख़्ता करते हैं, उन्हें दोहरी यातना झेलनी पड़ी है। उत्पादित माल पर व्यापार द्वारा अधिकार करनेवालों ने उनका शोषण किया है और राजसत्ता जिनके हाथों में रही है, उन्होंने इस शोषण को कानूनी संरक्षण दिया है। कभी-कभी धर्म के व्याख्याताओं ने भी दूसरों को ऊँचा और इन नींव के स्तम्भों को जाति या वर्ण के आधार पर नीचा बताकर इन्हें कमज़ोर किया है, सभ्यताओं को अन्दर से खोखला बनाया है।

और तभी इस असन्तुलन को दूर करने के लिए जो नये सन्तुलन की खोज हुई है, उसे हमने कभी समाज-सुधार और कभी राजनीतिक क्रान्ति की संज्ञा दी है। उन क्रान्तियों में अनुपयोगी लेकिन सत्ताधीश वर्ग को पराभूत कर उस वर्ग को पुनः प्रतिष्ठित करने की कोशिश की गयी, जो नींव का निर्माता है। उसे स्वतन्त्रता, समता, बन्धुत्व की शब्दावली दी गयी हो या 'जात-पाँत पूछे नहीं कोई, हरि को भजे सो हरि का होई' से प्रतिष्ठित किया गया हो या व्यास की वाणी "नहि मानुषात श्रेष्ठतरम् हि किंचित" से व्यंजित किया गया हो। इसीलिए मनुष्य की गरिमा को पुनः प्रतिष्ठित करने का हर संघर्ष मुझे महाभारत लगा है, जीवन को

नक़्शे की मदद से आगे की योजना।

उसकी सम्पूर्ण विविधता में प्रस्तुत करता है यह युद्ध-क्षेत्र। जो यहाँ नहीं, वह कहीं नहीं, "यत्र भारते, तत्र भारते!"

एशिया जो संसार की महानतम सभ्यताओं, संस्कृतियों और धर्मों की जन्मभूमि रहा है, आज औपनिवेशिक शोषण से मुक्त होकर अपनी ऐतिहासिक नियति के साक्षात्कार पर खड़ा है। यह दीन-हीन अधनंगा किसान, यह झूठे दम्भों का शिकार उच्च वर्ण, यह आशंका और अनिश्चयग्रस्त मध्य वर्ग, यह उपविनेशवादियों के औद्योगिक क्रान्ति के आर्थिक शोषण का उत्तराधिकारी मूल्यभ्रष्ट व्यापारी, यह भटका हुआ आत्मविश्वास रहित झूठी आक्रामकता को रक्षा कवच की तरह ओढ़े बुद्धिजीवी, ये सब इतिहास के एक नये मोड़ पर अपनी नियति के साक्षात्कार के द्वार पर खड़े हैं। उस वज्र कपाट को तोड़कर एशिया के भव्यातीत की वर्तमान विसंगतियों का अतिक्रमण कर ये क्या अपनी नयी महान नियति का साक्षात्कार कर पायेंगे?

बांग्लादेश की क्रान्ति ने शायद इसीलिए मुझे इतना आकर्षित किया था। भारतीय स्वतन्त्रता के पूर्णचन्द्र को एक औपनिवेशिक षड्यन्त्र ने राहु के समान ग्रस लिया था। बाँग्लादेश के क्रान्तिदर्शी बुद्धिजीवियों ने उस अवरोध को साहसपूर्वक तिरष्कृत किया। अपनी भाषा, अपनी संस्कृति, अपने अतीत से पूर्ण रूप से सम्पृक्त होकर उन्होंने वर्तमान के एक साहसपूर्ण क्षण में स्वतन्त्रता, समता और बन्धुत्व के नये भविष्य का आह्वान दिया। मेरे जीवन का कितना सार्थक दौर है यह कि मैं यहाँ घटनास्थल पर, इस किसान, इस मुक्तिवाहिनी और इस क्रान्ति को एक साकार रूप देने में सचेष्ट अपनी स्वातन्त्र्यचेतना, मानवीय मूल्यों की रक्षा करनेवाली मित्रवाहिनी भारतीय सेना के इस सम्मिलित अभियान का साक्षी हूँ। भारतीय होने के नाते आज सारे संसार के समक्ष सर ऊँचा करके पूछ सकता हूँ कि है कोई ऐसा देश, जिसके जवानों ने बिना अपना कोई स्वार्थ आरोपित किये अपने बन्धु देश की मुक्ति के लिए उसकी धरती को अपना रक्तदान किया हो?

धान की बालियों से उपजे इस दिवास्वप्न में मैं किस कदर खो गया रहा होऊँगा कि मुझे पता ही नहीं चला कि जनरल का हेलीकॉप्टर कब आया, कब उतरा और फ्लाइंग ऑफ़िसर वर्मा मेस से चाय का प्याला लेकर कब मेरे पास आकर खड़ा हो गया, "क्या ऐश हो रहे हैं भारती साहब के! जीप का बोनट न हुआ गोया डनलोपिलो का सोफ़ा हो गया!" वह अपनी चिरपरिचित तर्ज में कसता है : "आप यहाँ झख मार रहे हैं और वहाँ जनरल साहब मैमनसिंह में आप लोगों को बार-बार याद कर रहे थे।" "मैमनसिंह में?" मैं पूछता हूँ।

मैमनसिंह की मुक्ति

हाँ, आपको मालूम नहीं? आज हमने मैमनसिंह भी आज़ाद करा लिया। पाक आर्मी सुबह ही छोड़कर भाग गयी। खबर मिलते ही जनरल ने कहा, हेलीकॉप्टर वहाँ ले चलो। और वहाँ जाकर उतरते ही पूरे शहर में स्वागत हुआ। क्या ख़ूबसूरत शहर है!

हम दौड़कर जनरल के पास जाते हैं, उन्हें बधाई देते हैं और उनके पूछने पर कि हम लोग साथ क्यों नहीं थे, हम उन्हें याद दिलाते हैं कि उन्हीं का आदेश था कि हम नाव से इधर आयें, "ओ यस, उस समय मैं तुम्हें नहीं ले जा सकता था क्योंकि मधुपुर और टंगाइल के बीच मुठभेड़ हुई थी। हमारे हेलीकॉप्टर पर जबर्दस्त फायरिंग की उन लोगों ने। क्यों वर्मा, विंग्स में कोई गोली-वोली लगी क्या? अरे कोई 'सूवनीर' नहीं लाये उनका!" "उनके कुछ घायल और कई कैदी भी लाये हैं।"

एम.एम. सिंह से पूरी घटना मालूम हुई। माधोपुर जीतकर हमारी सेनायें आगे बढ़ रही थीं। टंगाइल से चार मील पहले अकस्मात् मुठभेड़ हो गयी उस पाकिस्तानी सेना से, जो मैमनसिंह छोड़कर ढाका लौट रही थी। उन्होंने हमारी टुकड़ियों पर हमला बोल दिया पर उन्हें नहीं मालूम था कि पीछे हमारी पैराटुपर टुकड़ियाँ भी हैं। दोनों ओर से जमकर लड़ाई हुई। उनके 30 के लगभग सैनिक मारे गये, हमारे भी 4। बाकी लोगों को हमने कैद कर लिया। उनके दो बन्द अफ़सरों को जनरल हेलीकॉप्टर पर साथ ही लेते आये। उनके घायलों को भी।

पोखर से उड़ते जलपाँखियों की एक लम्बी टेढ़ी कतार! दिन बड़ी ख़ूबसूरती से ढल रहा है आज। खुला आसमान। सिर्फ़ दूर जमालपुर के आकाश पर एकाध पैराड्रॉपर हवाई जहाज़ काफ़ी-काफ़ी देर बाद दीख जाता है। शेरपुर बाज़ार में कहीं दूर पर लाउडस्पीकर लगा है जिस पर लड़के-लड़कियाँ मिलकर कोई बँगला गीत गा रहे हैं। कतार-की-कतार सिविल ट्रकें सप्लाई लादकर आ रही हैं। पते पूछ-पूछकर यथास्थान सामान पहुँचा रही हैं। ज्यादातर सामान पार उतारे जाने के लिए ब्रह्मपुत्र के किनारे जा रहा है। यहाँ से ब्रह्मपुत्र तक सारी सड़क कान्वायों से भरी है। अब हम घाट की रौनक देखने के लिए ब्रह्मपुत्र की ओर जा रहे हैं।

जहाँ हमारी आर्टिलरी यूनिट थी, वहाँ अब सेना के कोई लोग नहीं हैं। उस गाँव में ग्रामवासी अपने कामधाम में लगे हैं। उस दिन यहीं पर जीप खड़ी कर हम पैदल उतरकर मीलों चलकर ब्रह्मपुत्र पर गये थे। आज जीप छोड़ने की कोई जरूरत नहीं। वह रहा दायीं ओर वह बंकर और खाई, जिसमें खड़े होकर जमालपुर का सर्वेक्षण दूरबीन से किया गया था। यहाँ से जरा आगे बायीं ओर मुड़कर यह पक्की सड़क नदी के किनारे-किनारे जाती है। उस दिन हम लोग खेतों में से गाँव में होते हुए गये थे। आज सड़क के किनारे-किनारे खेतों की तरफ ट्रकों की कतारें खड़ी हैं सामानों और सैनिकों से लदी। आज मीलों तक फैला हुआ यह दृश्य सचमुच अद्‌भुत है। एक ओर बालू खोदकर नीचे किनारे तक उलटने वाली सड़क बना दी गयी है। आसपास किनारे-किनारे कितनी ही नावें। कुछ खड़ी हैं, कुछ उस पार जा रही हैं, कुछ उस पार से आ रही हैं, कुछ सामान और सवारी लाद रही हैं, कुछ उतार रही हैं। बड़े-बड़े रस्से, स्टील के तरह-तरह के बेड़े और पुल बनाने के सामान, कुछ नावों को आपस में जोड़कर उन पर लोहे की पटरियाँ लगाकर लदे-लदाए ट्रक उतारने के बेड़े बनाये गये हैं, कुछ बेड़े ट्रक लादकर बीच धार में जा रहे हैं, कुछ इधर ट्रक लाद रहे हैं, कुछ उधर ट्रक उतार रहे हैं। कुछ गीली बालू में फँसे ट्रकों को भीड़ धक्के लगा रही है। और इस तमाम भीड़-भाड़ में हमारे इंजीनियर जीपों पर दौड़ लगा रहे हैं इधर से उस बिन्दु पर, उस बिन्दु से वापस इधर। पार उतरने के लिए मुक्तिवाहिनी के जत्थे भी इन्तज़ार कर रहे हैं, कुछ पैदल, कुछ अपनी जीपों पर, और हमारी सेना की टुकड़ियाँ भी विशाल ट्रकों में भरी हुईं। ट्रकें एक क्यू में लग गयी हैं पार उतरने के लिए और ट्रकों के नये-नये कान्वाय आते जा रहे हैं। कुछ सैनिक खड़ी ट्रकों में से पाँव सीधा करने के लिए उतर गये हैं, कुछ ट्रकों में ही बैठे गपशप कर रहे हैं। धूल, बालू, गर्द-गुबार का बड़ा-सा बादल इधर छा गया है। एक ट्रक विशेष आकर्षण का केन्द्र है क्योंकि उस पर बैठे सैनिकों के पास एक छोटा-सा प्यारा-सा पालतू हिरन का बच्चा है। उनका आग्रह है कि वे अपना यह पालतू हिरन अपने साथ ले जायेंगे। और लीजिए इधर वाली ट्रक में सिपाहियों के बीच हमारे पूर्व परिचित ख़ुदादाद और ख़ानअली बैठे हैं, नाक और माथे पर बदस्तूर पट्टियों का शृंगार किये हुए। हमें देखकर प्रसन्न मुद्रा में जोर-जोर से हाथ हिलाते हैं। कुछ कहना चाहते हैं लेकिन ट्रक रुकता नहीं।

रक्त-मुक्ति में उभरता नया देश

डूबते सूरज की ढलती तिरछी सुनहरी धूप सारे दृश्य पर ढल रही है। एक अजीब परिपूर्णता का भाव। ब्रह्मपुत्र का युद्ध समाप्त हुआ। हमारी सेना पार उतर रही है। दो-तीन दिन में शायद बड़ा पुल भी हमारे इंजीनियर बना लें, ब्रिगेडियर क्लेर टंगाइल रवाना हो चुके हैं।

मैं अपनी मृत्यु (या जीवन) के स्थल पर खड़ा हूँ। डूबते सूरज की धूप में बाँस की लम्बी-लम्बी छायाधारियाँ मेरे चेहरे पर पड़ रही हैं। बाँसों के बीच से गोधूलि में बेड़ों पर पार उतरते ट्रकों की छायाकृतियाँ दीख रही हैं। एक दिन इसी मेरे पाँवों के पास बहती ब्रह्मपुत्र की काली कीचड़ मिली बालू मोर्टार तोपों के गोले से फव्वारे की तरह उछलकर हजारों-लाखों बूँदों के रूप में देर तक गिरती थी, टप-टप-टप। और धीरे-धीरे धूप मुझे धुला देती है। मैं बिल्कुल अकेला हूँ, अपनी ही नियति के समक्ष। लेकिन धीरे-धीरे वह नियति हरेक से सम्पृक्त होकर एकाकार होने लगती है। यह मुक्ति-संग्राम, यह रक्त-मुक्ति में उभरता नया देश, यह करवट लेते हुए खेत, यह एक महान लक्ष्य की पूर्ति के लिए प्राण हथेली पर रखकर जाते हुए बहादुर सैनिक, ये नावों के बेड़े, ये क्षितिज पर कुछ बादल, और यह शान्त बहती नील सुनहरी ब्रह्मपुत्र! कहाँ है शून्य? कहाँ है भीड़ का अकेलापन? कहाँ है भय? कहाँ है निरर्थकता, क्या किसी ऐसे ही क्षण में बाँग्लादेश की किसी नदी संध्या के क्षण में रवीन्द्र ने कहा था :

शून्यमने कोथाय ताकास
सकतल बातास, सकल आकाश
ऐ पाखेर ए बांशिर सुरे
उठे शिहरि
एक बार मासिये दिते हबे आमार
एइतरि!

ऐसे शून्य भाव से क्या देख रहा है तू?
क्या तूने सुना नहीं कि बाँसुरी बज रही है जिसके सुर से सारा
बातास सारा आकाश सिहर उठा है :
नहीं इस बार मैं अपनी नौका धार में उतार ही दूँगा।

ढाका की मुक्ति-कथा : ब्रिगेडियर क्लेर के शब्दों में

ढाका की ओर भारतीय सेनाओं का बढ़ावा यद्यपि तीनों दिशाओं से हुआ था, किन्तु पूर्व और पश्चिम की ओर से आने वाली सेनाओं का मुख्य कार्य दुश्मन को उलझाए रखना और भरमाना था कि न जाने किस दिशा से ढाका पर निर्णायक आक्रमण होगा। उन दोनों दिशाओं में बड़ी-बड़ी नदियों के कारण पूरा साज-सामान लेकर नये पुल बनाकर उन्हें पार करना अपेक्षाकृत कठिन काम था। अतः पूर्व

ले. जन. जगजीतसिंह अरोड़ा : **'चलो ढाका'।**

निर्धारित योजना के अनुसार ढाका पर अधिकार करने की जिम्मेदारी उत्तर से आने वाली हमारी सेना पर ही थी। जमालपुर को जीतते समय हमने ब्रह्मपुत्र को पार कर लिया था। अब हमारी राह में कुछ छोटी-छोटी नदियाँ भर थीं, जिन्हें पार करना अधिक कठिन न था।

12 दिसम्बर को सुबह हम लोगों ने ढाका की ओर कूच किया जमालपुर से। टंगाइल के पास मैमनसिंह और जमालपुर के भागे हुए पाक फौजी जमा होकर अपने पुनर्गठन का प्रयास कर रहे थे। हमने उन्हें इसका मौका दिये बिना घेर लिया। जमकर लड़ाई हुई। क़रीब तीन सौ पाक सिपाही लड़ाई में मारे गये। हमने उनके हेवी मोर्टार्स और सारे वाहन पकड़ लिये। हम बिना रुके आगे बढ़ते रहे। पैराड्रॉपों के द्वारा हमने टंगाइल के पार क़रीब 600 जवान उतार दिये थे। शाम के चार बजे तक की फौज को साधारण नौकाओं से पार किया गया। इस काम में मुक्तिवाहिनी ने हमारी पूरी मदद की। हमारे यातायात के साधन पीछे छूट गये थे। क़ादिर सिद्दीकी के नेतृत्व में मुक्तिवाहिनी ने हमारे लिए उस इलाक़े के सारे वाहन जुटा दिये। 20 बसें थीं, बहुत से रिक्शे थे, बाद में बाकी लोग पैदल ही चले। रात के 8.30 बजे हम लोग कलियाकार पहुँचे। रास्ते में मिर्ज़ापुर में एक हल्की-सी मुठभेड़ हुई, जिसमें सात पाकिस्तानी फौजी मारे गये।

ब्रिगेडियर क्लेर

दूसरे दिन 13 दिसम्बर को हमने फिर आगे बढ़ना शुरू किया। हमें पता चला कि कुछ दूर पर पाकिस्तानी अधिकारियों का पड़ाव है। हमने अचानक उन्हें घेरकर चकित कर दिया। बिना लड़े ही उन लोगों ने आत्मसमर्पण कर दिया। मुझे यह जानकर बहुत ही खुशी हुई कि बन्दियों में ब्रिगेडियर क़ादिर भी थे, जो मेरे विरुद्ध पाकिस्तानी फौजों का

नेतृत्व कर रहे थे। उनके अलावा छह अफ़सर और 26 अन्य सैनिक थे। हम आगे बढ़ते गये, एक छोटी-सी तुरंग नदी पड़ी। उस पार दुश्मन के टैंक थे, किन्तु हम लोगों ने अपने रॉकेट-लांचरों के द्वारा उन्हें बेकार कर दिया। हमने ढाका को कई तरफ से घेरने की योजना बनाई और धीरे-धीरे अपना बढ़ाव जारी रखा।

इस बीच हम लोग दुश्मन के पास आत्मसमर्पण करने के सन्देश लगातार भेजते रहे। 14 और 15 को अपना शिकंजा हम मज़बूत करते रहे। हमने मिर्ज़ापुर पुल पर क़ब्ज़ा कर लिया। अब हम लोग ढाका के मुफ़स्सिल में पहुँच चुके थे पर हम चाहते थे कि ख़ून-खराबा कम-से-कम हो। इसलिए दुश्मन का

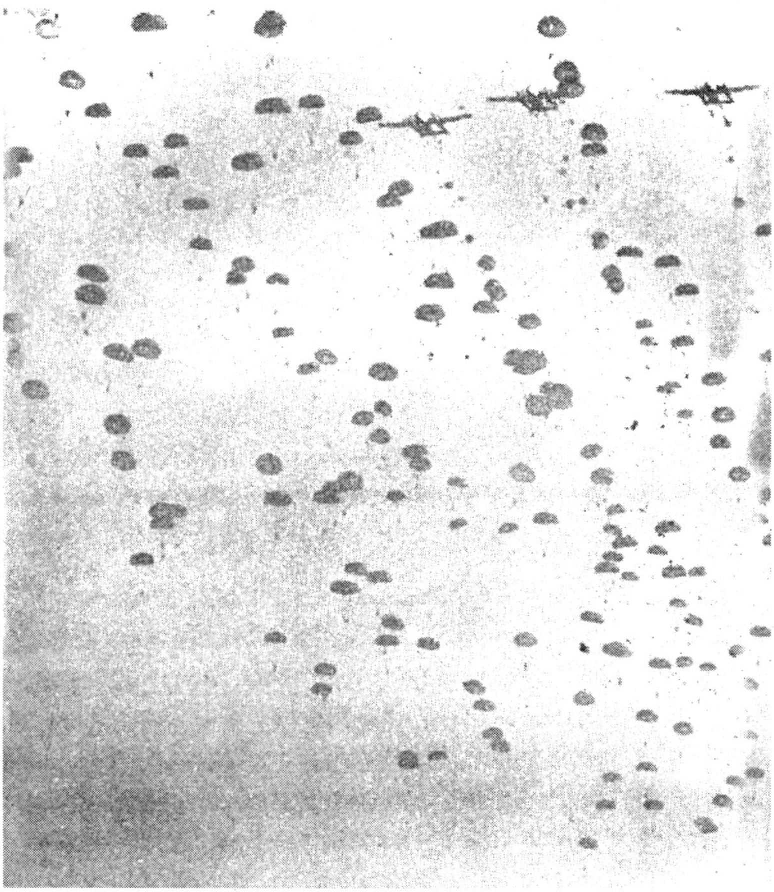

ढाका पर छाता सैनिक।

मनोबल तोड़ने के लिए हम लोगों ने ढाका की छावनी, हवाई अड्डे तथा गवर्नर हाउस पर बमबारी करनी शुरू की। मैं वायु सेना को बधाई देना चाहता हूँ। हमारे हवाबाजों ने बड़ी मुस्तैदी और सटीक निशानेबाज़ी का प्रमाण दिया। हमारे हवाई हमलों से घबराकर न केवल गवर्नर डॉ. मलिक ने इस्तीफ़ा दे दिया, बल्कि पाकिस्तानी फौज के बड़े अधिकारियों में भी निराशा व्याप गयी। वे भीतर-भीतर समझ गये थे कि लड़ाई में उनकी हार तो निश्चित है ही, युद्ध करने पर बड़ी संख्या में उनकी फौज को हताहत होना पड़ेगा। असल में हमने दुश्मन को पाँच भिन्न स्थानों से चाँप कर उसे बिल्कुल बौखला दिया था। हमारी जितनी शक्ति थी, उससे कई गुना अधिक शक्तिशाली होने का आभास हमारी व्यूह रचना के कारण दुश्मन को होता रहा।

अपनी पूरी तैयारी कर लेने के बाद हमने 16 तारीख को दुश्मन को अल्टीमेटम भेजने का निश्चय किया। मेजर जनरल नागरा ब्रिगेडियर सन्त सिंह को लेकर मीरपुर पुल पर गये। वहाँ से उन्होंने अपने दो अफ़सरों के हाथ लेफ्टि. जनरल नियाज़ी के नाम पत्र भेजा, जिसका मज़मून यही था कि मैं अपनी फौज के साथ यहाँ तक आ पहुँचा हूँ। यदि आप अपनी कुशल चाहते हैं तो आत्मसमर्पण कर दें। आत्मसमर्पण कर देने के बाद आपकी और आपकी पूरी सेना की सुरक्षा की ज़िम्मेदारी मैं लेता हूँ। हमारे दोनों अफ़सर सफ़ेद झण्डा लेकर उस पार गये। उस ओर मेजर जनरल जमशेद ने उनका स्वागत किया। लेफ्टि. जनरल नियाज़ी ने आत्मसमर्पण करना स्वीकार कर लिया और मेजर जनरल जमशेद को हमसे मिलने भेजा। उनकी गाड़ी को आते देखकर हम समझ गये कि पाकिस्तानी फौज ने आत्मसमर्पण करना स्वीकार कर लिया है। मेजर जनरल नागरा मुझे और ब्रिगेडियर सन्त सिंह को लेकर उनका स्वागत करने के लिए पैदल आगे बढ़े। हम लोगों के पास कोई हथियार नहीं था। हमारे साथ मुक्तिसेना के हमारे सहयोगी क़ादिर सिद्दीकी भी थे।

हमने मेजर जनरल जमशेद की गाड़ी पर मेजर जनरल नागरा का झंडा लगा दिया। ब्रिगेडियर सन्त सिंह ने स्टियरिंग अपने हाथ में ले लिया। दोनों तरफ पाकिस्तानी सिपाहियों की सशस्त्र कतारों के बीच से हमारी गाड़ी आगे बढ़ी। वे लोग भौचक्के से हम लोगों को देखते रहे। आगे की ओर मेजर जनरल नागरा, मैं और ब्रिगेडियर सन्त सिंह थे। मेजर जनरल जमशेद के साथ मुक्ति-योद्धाओं का नेता क़ादिर सिद्दीकी गौरव के साथ पीछे बैठा हुआ था।

हम उनके हेडक्वार्टर पहुँचे। जनरल नियाज़ी अपने रक्षा-बंकर में छिपे हुए थे। उन्हें संवाद दिया गया। वे 11 बज कर 5 मिनट पर वहाँ पहुँचे। मेजर जनरल नागरा और लेफ्टि. जनरल नियाज़ी पूर्व परिचित थे। वे दोनों गले मिले। नियाज़ी की आँखों में आँसू भरे हुए थे। उन्होंने हम लोगों से और क़ादिर सिद्‌दीकी से हाथ मिलाया। पराजित पाकिस्तानी सेना के सर्वोच्च सेनापति से हाथ मिलाते

और आत्मसमर्पण-पत्र पर दस्तख़त : **ढाका के ऐतिहासिक रेसकोर्स मैदान में आयोजित समारोह में ले.ज. अरोड़ा (बायें) और ले. ज. नियाजी।**

समय क़ादिर सिद्‌दीकी ने मुक्तिसेना का प्रतिनिधित्व किया और इस प्रकार आत्मसमर्पण की पहली रस्म पूरी हुई। फिर तो कलकत्ता से मेजर जनरल जैकब आये और चार बजे के क़रीब आत्मसमर्पण के पत्र पर विधिवत् हस्ताक्षर हुए।

इसी बीच आत्मसमर्पण की खबर ढाका में चारों ओर फैल गयी। जनता खुशी के मारे नाच उठी। हमें खबर लगी कि इन्टरकाण्टिनेंटल होटल के इर्द-गिर्द बहुत भीड़ जमा हो गयी है। मेजर जनरल नागरा ने मुझे वहाँ भेजा। मेरा ड्राइवर पाकिस्तानी ही था। भीड़ ने उसे घेर लिया। पर मेरे कहने पर किसी ने उसे छुआ तक नहीं। असल में भीड़ खुशी मनाने वालों की थी, हमला करने का उसका इरादा कतई नहीं था। लोग मुझसे हाथ मिलाने के लिए, मुझसे गले मिलने के लिए बेताब थे। उनका प्रेम ज्यादा उमड़ा तो उन्होंने मुझे कन्धों पर उठा लिया। 'जय बाँग्ला', 'जय हिन्द' के नारे गूँज रहे थे। यादगार के बतौर उन लोगों ने मुझसे मेरे फौजी अलंकरण माँगने शुरू किये और फिर तो जिसके हाथ में जो लगा, उसने वह ले लिया। मैंने दोनों हाथों से अपनी पगड़ी दबा रखी थी और कहता जा रहा था कि भाइयो, इसको बख़्श दो। पागलपन की सीमा तक पहुँचा हुआ इतना प्रेम, इतनी खुशी, इतना उत्साह इसके पहले मैंने कभी नहीं देखा था। ढाका की आज़ादी बाँग्लादेश के मुक्ति युद्ध की सबसे बड़ी घटना है, इसमें कोई सन्देह नहीं।

बंगबन्धु की वापसी

ढाका-मुक्ति के चन्द घण्टों के भीतर ही प्रधानमन्त्री श्रीमती गाँधी ने भारत की ओर से एकपक्षीय युद्धविराम की घोषणा कर दी। अगले दिन ज. याहिया खाँ ने भी उसे मंजूर कर लिया। कोई विकल्प नहीं था। किन्तु इसी के साथ मनोनीत उप-प्रधानमन्त्री जुल्फ़िकार अली भुट्टो को एक अत्यावश्यक सन्देश भेजकर जितनी जल्दी हो सके स्वदेश लौटने को कहा गया। भुट्टो उस वक़्त न्यूयॉर्क में थे। सुरक्षा परिषद में पाकिस्तानी पक्ष की वकालत कर रहे थे। इधर पाकिस्तान के आन्तरिक रंगमंच में फौजी तानाशाहों के ख़िलाफ़ प्रदर्शन और जुलूसों का ताँता लग गया था। अतः पराजय के लिए जिम्मेदार फौज के बड़े आकाओं के ख़िलाफ़ छोटे अधिकारियों का आक्रोश कहीं सशस्त्र विद्रोह कर विस्फोटक रूप न ले ले, इसके पहले ही भुट्टो को सत्ता सौंप देने का फैसला कर लिया गया। इसका आधार बनाया गया दिसम्बर 1970 के वे चुनाव, जिनमें भुट्टो को प. पाकिस्तान में बहुमत मिला था।

सोनार, बांग्लादेश में पाकिस्तानी जल्लादों द्वारा किये गये अत्याचारों की कहानियाँ सुनते-सुनते बंगबन्धु अचानक बच्चों की तरह फफक पड़े।

नाटकीय हलचलों के साथ एक 'विजेता हीरो' की

तरह भुट्टो साहब 20 दिसम्बर को इस्लामाबाद लौटे और चटापट राष्ट्रपति तथा मुख्य मार्शल लॉ प्रशासक पद की शपथ ग्रहण की। और इसी के साथ सत्ता की बागडोर एक विशुद्ध फौजी तानाशाह के हाथ से एक सिविलियन तानाशाह के हाथ में आ गयी।

बिखरे हुए देश को बटोरने के लिए भुट्टो ने सबसे पहली घोषणा की कि शेख़ मुजीब के साथ वार्ता की जायेगी। फलस्वरूप याहिया खाँ द्वारा दी गयी मौत की सज़ा को रद्द करके शेख़ को मियाँवाली जेल से निकालकर रावलपिण्डी के एक बँगले में रखा गया। किन्तु 'सुरक्षा की दृष्टि से' नरजबन्दी जारी रही। 26 दिसम्बर से 8 जनवरी तक के बीच का क़रीब एक पखवाड़ा बहुत ही नाटकीय बीता। अटकलों के तमाम उतार-चढ़ाव आये। भुट्टो ने घोषणा की कि शेख़ मुजीब को रिहा कर दिया जायेगा, किन्तु पाकिस्तानी जनता की राय लेकर ही। इस दौरान भुट्टो ने शेख़ से दो बार मुलाक़ात की। उन्हें यह समझाने के भरसक प्रयास किये कि प. पाकिस्तान और बांग्लादेश के बीच कुछ-न-कुछ सम्बन्ध अवश्य रखा जाना चाहिए। वह सम्बन्ध चाहे बहुत 'ढीला' और नाममात्र का ही क्यों न हो। भुट्टो ने शेख़ को बार-बार समझाया कि उससे दोनों का हित है और पाकिस्तान की परिकल्पना को भी ज़िन्दा रखा जा सकेगा।

मुक्ति के बाद : **श्रीमती रेणु मुजीब अपनी बेटियों के साथ। पीछे की ओर है वह बंकर, जो पाकिस्तानियों ने छत पर बना रखा था।**

किन्तु 25 मार्च के बाद से बांग्लादेश पर ढाये गये जुल्मों से अनभिज्ञ होते हुए भी शेख़ ने कोई वायदा करने से इनकार कर दिया। उन्होंने भुट्टो को साफ बताया कि बिना अपने देशवासियों से मिले वे इस बारे में कुछ नहीं कह सकते। भुट्टो की स्थिति अब साँप-छछून्दरवाली थी। भारी असमंजस। यही कि शेख़ की ढाका वापसी से नवोदित राज्य की नयी सरकार को बल मिलेगा। उसकी वैधता को भी। किन्तु सौदेबाज़ी के लालच में रोके रखना भी तो सम्भव नहीं। विश्व जनमत का सवाल था, घरेलू मोर्चे का सवाल था। कठिनाइयाँ बढ़ती ही जायेंगी।

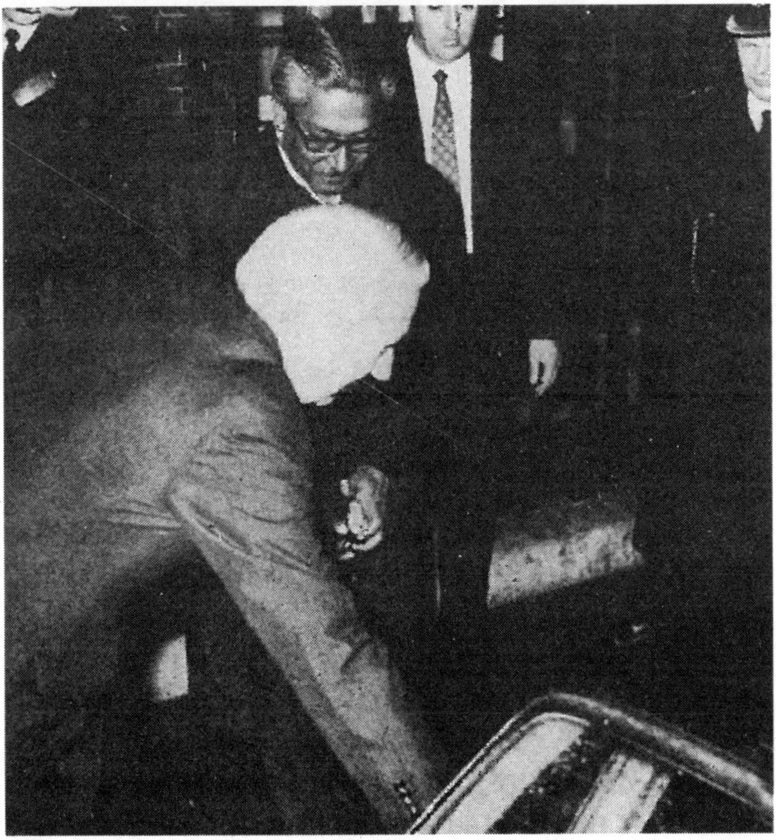

ब्रिटिश प्रधानमन्त्री श्री एडवर्ड हीथ ने बंगबन्धु के प्रति अपने सम्मान का प्रदर्शन कार का दरवाज़ा खोल कर किया, जब वे वार्ता के बाद श्री हीथ के सरकारी निवास 10, डाउनिंग स्ट्रीट से बाहर निकल रहे थे।

प्रधानमन्त्री पद के शपथ-पत्र पर दस्तख़त करते हुए बंगबन्धु। बगल में हैं नये राष्ट्रपति श्री अबू सैयद चौधरी।

अतः भुट्टो ने अन्त में शेख़ को रिहा करने का ही फैसला किया। इसके पहले कराची की जनसभा में जनता की राय भी ली गयी।

8 जनवरी का दिन इस नाटक का सबसे उलझन भरा दिन था। भारतीय समय के अनुसार क़रीब साढ़े तीन बजे तड़के भुट्टो ने शेख़ को रिहा कर दिया। साथ ही एक विशेष विमान से एक 'अज्ञात' स्थान को रवाना भी। रवानगी के वक़्त भुट्टो भी हवाई अड्डे पर मौजूद थे। कूटनीतिक अंचलों के दोपहर बाद तक के कुछ घण्टे बहुत ही बेचैनी में बीते। अचानक खबर कौंधती है—मुजीब लन्दन में! लोग आँखें फाड़े रह जाते हैं। शाम से पहले टेलीफोन पर श्रीमती गाँधी से सम्पर्क, जो उस वक़्त लखनऊ में थीं और ढाका लौटते वक़्त दिल्ली में रुकने का निमन्त्रण स्वीकार!

9 जनवरी, रविवार को नयी दिल्ली ने शेख़ का बहुत ही भावभीना, उमड़ता हुआ हार्दिक स्वागत किया। पूर्ण राजकीय सम्मान के साथ 31 तोपों की सलामी से। श्रीमती गाँधी के साथ एक संक्षिप्त वार्ता के बाद कुछ ही घण्टों में वे ढाका पहुँच गये। नाचते-गाते, खुशी में पागल बांग्ला देशवासियों

ने मौत के जबड़े से बचकर आये अपने नेता को बाहों पर उठा लिया। शेख मुजीब अभिभूत थे, अपने संग्राम की सफलता पर उत्फुल्ल भी, लेकिन उन्हें दूर पंजाब की एक जेल में रखा गया था। न अख़बार, न रेडियो। उनके आह्वान के बाद उनकी अनुपस्थिति में आन्दोलन कैसे चला, कैसे भयंकर अत्याचार पाकिस्तान ने किये इसका उन्हें हल्का आभास था। उसका विस्तृत हाल सुनकर शेख मुजीब उसी विशाल जनसमूह के स्वागत-समारोह में माथे पर हाथ रखकर फफक-फफककर रो पड़े। उसके बाद ढाका के रेसकोर्स मैदान में, जहाँ उन्होंने पहली बार स्वाधीन बांग्लादेश के लिए अहिंसक आन्दोलन का आह्वान किया था, वहीं मुक्ति के बाद उनका ऐतिहासिक भाषण हुआ। उन्होंने अपनी जनता को बधायी दी, मुक्तिवाहिनी के योद्धाओं को बधायी दी, मित्रवाहिनी (भारतीय सेना) के स्नेह और आभार और अन्त में स्पष्ट शब्दों में मुद्दों के सवाल का जवाब दिया। भुट्टो ने शेख मुजीब की रिहाई के बाद उनसे मुलाक़ात की और प्रस्ताव रखा कि पाकिस्तान के टुकड़े न होने दें। बांग्लादेश और पाकिस्तान में कुछ ऐसे विशेष सम्बन्ध सूत्र बने रहने दें कि पाकिस्तान की परिकल्पना नष्ट न हो।

ढाका में रेसकोर्स मैदान के अपने भाषण में शेख ने स्पष्ट कहा कि पाकिस्तान का हमारे लिए कोई विशेष अर्थ नहीं। वह भी अन्य विदेशी राष्ट्रों की तरह एक विदेशी राष्ट्र है। बांग्लादेश पूर्ण स्वतन्त्र राष्ट्र है, जहाँ प्रजातान्त्रिक पद्धति चलेगी और धर्मनिरपेक्षता का पूरा पालन होगा।

मजहब के आधार पर कोई भेदभाव नहीं होगा। बांग्लादेश के जो भी हिन्दू या मुस्लिम शरणार्थी भारत में इस समय हैं, धीरे-धीरे वापस आयेंगे। इस्लाम के आधार पर दो विभिन्न भू-भागों को एक शासन में रखकर इस्लामी राज्य बनाने की पाकिस्तान की कल्पना हमेशा के लिए दफ़न हो गयी।

सारे संसार में इसे एक ऐतिहासिक मोड़ माना गया और जब मित्रवाहिनी (भारतीय सेनाएँ) लौटने लगीं तो लोगों ने मुक्त प्रशंसाभाव से कहा कि यह भारत की ही गरिमा है कि जीते हुए प्रदेश पर कब्जा करने का लोभ न कर अपना रक्त बहाकर उन्हें स्वतन्त्रता प्रदान करे। पाकिस्तानी आक्रमण, अमेरिका के सातवें बेड़े की धमकी, चीन के षड्यन्त्र इन सबके समक्ष अडिग और दृढ़ संकल्प रहकर जो विजय हासिल की उससे विश्व इतिहास में इन्दिरा जी का एक अनूठा स्थान बना।

ढाका की सड़कों पर हँसते, गाते-नाचते लोगों का विजय-जुलूस। या मुक्ति-जुलूस?

विश्व के अनेक प्रशासकों, राजनेताओं, पत्रकारों, बुद्धिजीवियों, इतिहासकारों ने इन्दिरा जी की इस भूमिका का तरह-तरह से विश्लेषण किया, उन्हें अनेक अभिनन्दनात्मक संज्ञाएँ दीं। पर उस सारे शोर-शराबों में, मेरे मन में गूँजती रही एक अनसुनी-सी, काँपते बूढ़े स्वर में सुनी हुई एक कविता—वह कविता थी बांग्लादेश की वरिष्ठतम कवयित्री बेगम सूफिया कमाल की। सारे नर-संहार के दौरान वे ढाका में ही रहीं, साहस से पाकिस्तानी हुक्मरानों का विरोध करती रहीं, कुछ दिन उन्हें नज़रबन्द भी किया गया, पर वे न झुकीं न ढाका छोड़कर कहीं गयीं। जब हम मुक्तिवाहिनी के साथ घने जंगलों में छिपकर स्थापित किये गये कर्नल खालिद मुशर्रफ के सैनिक अस्पताल को देखने गये तो एक बीस-बाईस वर्ष की सौम्य, शान्त लड़की हमारे पास आयी। मालूम हुआ वह प्रख्यात कवयित्री बेगम सूफिया कमाल की बेटी है। बाँस के स्ट्रेचर पर और नारियल के पत्तों के छाजन का वह अस्पताल—घायल मुक्ति सैनिकों के इलाज़ के लिए था। बेटी डॉक्टरी पढ़ रही थी, माँ से इजाज़त लेकर यहाँ आ गयी थी। बोली, "मैं बन्दूक तो नहीं उठा सकती पर जिन भाइयों ने बन्दूक उठायी उनकी परिचर्या तो कर सकती हूँ। मेरी माँ ने प्रेरणा दी, 'जाओ बेटी' और रो पड़ी।"

हम पूर्ण मुक्ति के बाद शेख मुजीब के लौट आने के बाद फिर एक बार आये हैं सबसे मिलने वे जो मुक्तिवाहिनी के दिनों में मिले थे—तभी बेगम सूफिया कमाल के दर्शन के लिए जाते हैं। उनकी बेटी से मिलने का हवाला देते हैं तो फिर गर्व से हँस पड़ती हैं और मुँह मोड़कर आँसू पोंछने लगती हैं।

विष्णुकान्त शास्त्री से बांगला में बात कर पुलकित हो उठती हैं, मुझसे इसी टूटी-फूटी हिन्दी में ही बोलती हैं—"जैसा प्रकार हमारा बेटी तैसा प्रकार इन्दिरा गाँधी भी। ओ हमारा बेटी भी है पर देश का माता भी है।" कविता लेखक किया, उनका सम्मान में—और बूढ़े काँपते स्वरों में वे कविता सुनाती हैं—शब्द याद नहीं पर तात्पर्य याद है—"ओ बेटी, तुम हृदय से माता हो, तुमसे दूसरे का दुःख नहीं देखा जाता। अर्द्धरात्रि में खूँखार नर पशु घोंसलों में आग लगाने आये सोये विहग शिशुओं की गर्दन मरोड़ने लगे तब हे पक्षी माता तुम आकाश से उतरकर उन पर झपट पड़ीं। तुमने अपने विशाल डैने फैलाकर उनके शिशुओं को छिपा लिया, उन्हें आश्रय दिया, दाना-पानी दिया और हत्यारों को भगाकर प्राणिमात्र को अभय प्रदान किया और उन्हें फिर पंख देकर उड़ने के लिए स्वतन्त्र छोड़ दिया। तुम जैसा और कौन होगा हे पक्षी-माता।"

वे बूढ़े काँपते स्वर आज भी गूँजते हैं। इन्दिरा जी की उस अनूठी ऐतिहासिक भूमिका को इस अनूठे काव्य-शब्द से अधिक और कौन व्याख्यायित कर सकता है—'पक्षी-माता'।

❑❑